Zombie
Einführung

Gewidmet George A. Romero (1940-2017),
dem Poeten des Horrorfilms

Über den Autor:
Jan Niklas Meier hat Geschichte und Germanistik in Hannover studiert und promoviert derzeit am Institut für Deutsche und Niederländische Philologie der Freien Universität Berlin. Nach verschiedenen Tätigkeiten an der Leibniz Universität Hannover arbeitet er für die Madsack Mediengruppe sowie als freiberuflicher Verleger. In regelmäßigen Abständen erscheinen außerdem Essays zu Horror, Monstrosität und Wissenschaft in der *phantastisch!* und anderen Magazinen.

Jan Niklas Meier

Zombie
Einführung

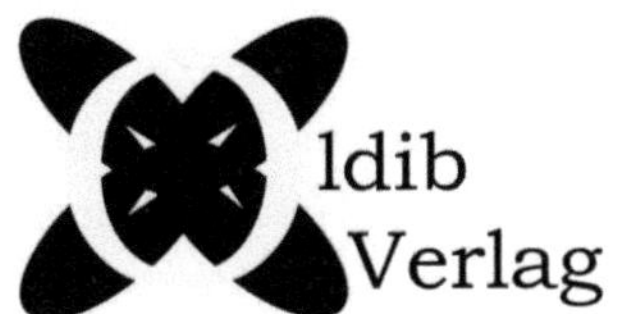

Bibliografische Information der Deutschen Nationalbibliothek
Die Deutsche Nationalbibliothek verzeichnet diese
Publikation in der Deutschen Nationalbibliografie;
detaillierte bibliografische Daten sind im Internet
über http://dnb.ddb.de abrufbar.

Waldeck 14, 45133 Essen
www.oldib-verlag.de, info@oldib-verlag.de
Umschlaggestaltung: Oliver Bidlo
Druck: BoD, Norderstedt

ISBN 978-3-939556-60-2

Inhalt

Abbildungsverzeichnis

1. Einleitung – Zombifizierung

Überall auf der Welt erheben sich die Toten. Das ist eine Tatsache. Zombies hier, Zombies dort, Zombies allerorten. Irgendetwas geht um, irgendetwas liegt in der Luft, das die Toten dazu bringt, die Lebenden heimzusuchen. Die Zombies sind geeignet, zu einer wahren Plage zu werden – wir werden deshalb lernen müssen, mit ihnen umzugehen. Wir werden Pläne brauchen, Pläne zum Überleben, Pläne die Untoten abzuwehren, sie zurück in ihre Gräber zu schicken. Die Lage ist ernst, das haben die Universitäten (zumindest einige) genauso erkannt wie der US-Bundesstaat Illinois. In jenem wurden etwa die Bürger aufgefordert, auf jegliche Art von Katastrophe vorbereitet zu sein – auch auf die Zombie-Apokalypse. Der Oktober 2017 wird für die Region im mittleren Westen der USA deshalb ganz im Zeichen der Untoten stehen, er ist offiziell zum »Zombie Preparedness Month« erklärt worden. Etwas weiter südlich, in Austin, Texas, ist man offenbar noch nicht bereit, derart drastische Maßnahmen zu ergreifen, wird hier doch nur per Straßenschild vor eventuell auftauchenden Zombies gewarnt. Bereits vier Jahre vor Illinois haben Nikolai Bode von der Universität Bristol und Edward Codling von der Universität Essex die Gefahr erkannt, und in der Zeitschrift *Animal Behaviour* eine auf Computeranimationen basierende Studie veröffentlicht, die menschliches Fluchtverhalten unter Stressbedingungen nachvollziehen sollte (Bode/Codling 2013). Die dort simulierte Gefahrenquelle war (natürlich) das Eintreten der Zombie-Apokalypse.

Allen wissenschaftlichen Bestrebungen zum Trotz liefert allerdings noch immer der Film die besten Überlebensstrategien im Angesicht der untoten Horden. Ganz vorn mit dabei: *Zombieland* (2009). Hier bietet uns Protagonist Columbus gar Überlebenstipps in Regelform, die Anleitung zum Umgang mit der Katastrophe, besser geht es nicht!

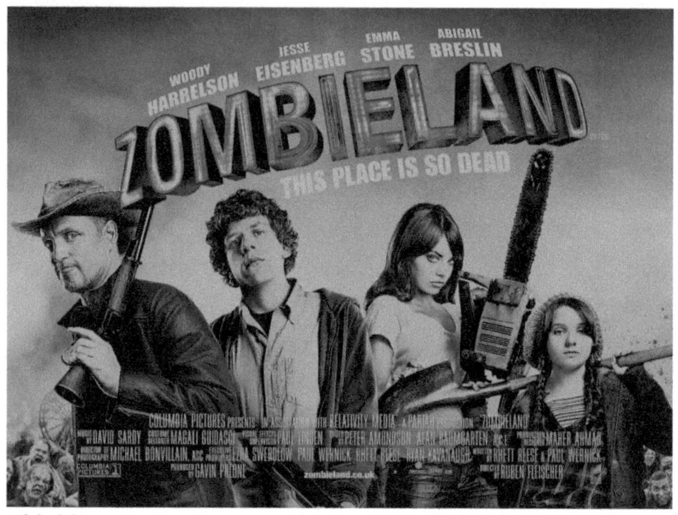

Abbildung 1: Die Protagonisten aus *Zombieland* nebst ihren „Werkzeugen". *Zombieland*, USA 2009, Filmplakat, © Columbia Pictures.

Und letzten Endes ist es – bislang! – vor allem der Film, welcher die Untoten zurück in die Welt der Lebenden bringt. Die Zombie-Apokalypse hat Hochkonjunktur und flimmert in den verschiedensten Spielarten über die Bildschirme dieser Welt. »Spiel nicht den Helden!« oder »Kontrollier den Rücksitz!«, heißt es etwa in *Zombieland.* Der unpraktischerweise unter Angstzuständen leidende Columbus ist dort ganz allein in einem von Zombies verseuchten Amerika unterwegs, nur seine selbstauferlegten Regeln begleiten ihn auf dem Weg durch die postapokalyptische Landschaft. Das funktioniert allerdings nur so lange gut, bis er auf allerlei verrückte Weggefährten trifft, die es ihm selbstverständlich absolut unmöglich machen, besagte Regeln auch einzuhalten. Doch irgendwann versteht es auch Columbus: Es macht wirklich Spaß, sich der Zombies zu entledigen. So großen Spaß, dass man daraus sogar einen Wettbewerb machen kann, den »Zombie-Kill der Woche«. Das Ausleben dieses sportlichen Großereignisses wird besonders durch die Tatsache möglich, dass die Zombies langsam sind. Und dumm. Reduziert auf einen einzigen Trieb, den nach Nahrungsaufnahme, schlurfen sie umher; sie sind ein leichtes Ziel. Solches Glück haben allerdings nicht alle Überlebenden der Katastrophe, in *28 Days Later* (2002) etwa muss man schon deutlich besser zu Fuß sein, um den rasenden Horden zu entkommen.

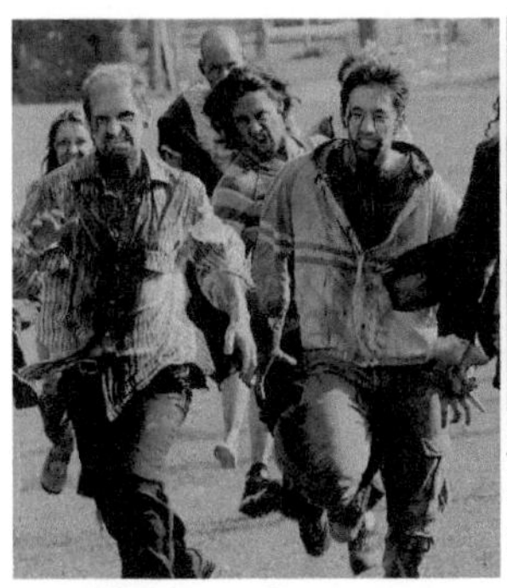

Abbildung 2: Infizierte in *28 Days Later…*
GB 2002, Screenshot, © DNA Films.

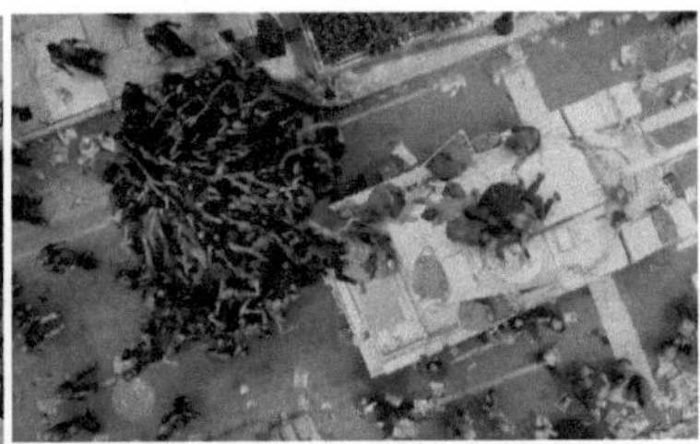

Abbildung 3: … und Zombie-Massen in *The Walking Dead.* USA seit 2010, Screenshot, © AMC.

Manchmal allerdings sind es gar nicht die Zombies, die das postapokalyptische Dasein so richtig unbequem machen, sondern vielmehr die anderen Menschen, wie *The Walking Dead* (seit 2010) es immer und immer wieder vorführt. Ist es also vielleicht die Menschheit selbst, die ihren eigenen Untergang einläutet? Ben, der Afroamerikaner aus *Night of the Living Dead* (1968), wäre wohl geneigt, dem zuzustimmen. Er kann allerdings nicht antworten, wird er doch bekanntlich – nach dem Überleben zahlreicher Zombie-Angriffe – von der anrückenden (weißen) Bürgerwehr erschossen. Und selbst wenn die Zombies irgendwann überwunden sind, die Katastrophe überstanden, der Alltag wieder eingekehrt ist, dann ist es der Mensch, der den Untoten die Rückkehr ermöglicht. Das Monster kehrt immer zurück, das hat 1996 der US-amerikanische Mediävist Jeffrey Jerome Cohen behauptet; wir werden später noch von ihm hören. Zumindest was *The Rezort* (2015) angeht, scheint er recht zu behalten, denn wir konnten es nicht lassen: Beseelt von dem Wunsch, alles irgendwie zu vermarkten, hat die Menschheit sich nach überstandenem Ausnahmezustand auf einer abgelegenen Insel ein paar Untote aufgehoben, um betuchten Urlaubern die Möglichkeit zu bieten, sie mit mehr oder minder gezielten Salven aus Schnellfeuerwaffen in ihre Bestandteile zu zerlegen. Dieses Paradies aus Sonne, Blut und Blei verwandelt sich aber schnell in eine Hölle aus denselben Bestandteilen, wenn die Zombies sich befreien und zurückschlagen. Und schon ist das Monster wieder da.

Doch nicht nur der Film muss sich dem Ansturm der Untoten stellen. Das Virus breitet sich aus, so könnte man sagen. Auf der einen Seite finden wir hier transmediale Adaptionen der Zombiefilme, auf der anderen aber auch ganz und gar eigenständige Kreationen, ohne das große Vorbild der Kinoleinwand; so etwa das Brettspiel *Zombicide*

(2012). Seit einiger Zeit finden nun auch regelmäßig »Zombie Walks« statt, Großveranstaltungen, bei denen die Teilnehmer als Untote verkleidet gemeinsam durch die Straßen ziehen.

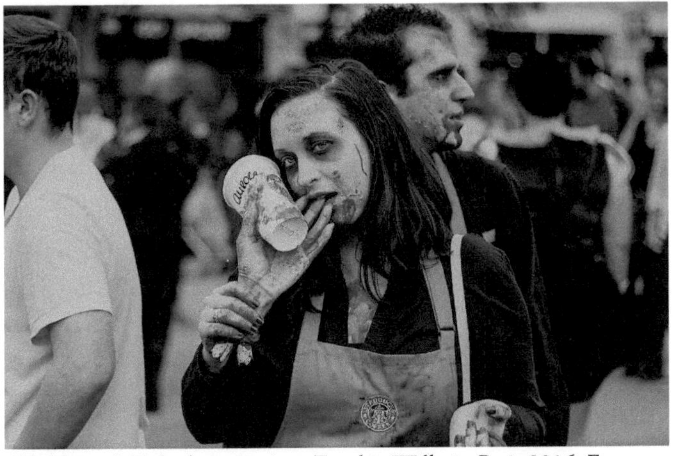

Abbildung 4: Teilnehmerin eines Zombie-Walks in Paris 2016. Foto: tangi bertan, CC BY 2.0.

Im Jahr 2010 kamen im australischen Brisbane so nahezu 10.000 Menschen zusammen. Das Zombie-Virus breitet sich also weiter aus, stetig infiziert es die menschliche Gesellschaft. Die Untoten kommen und sie kennen nur ein Ziel: »All Flesh must be eaten!«, wie es das gleichnamige Pen and Paper-Rollenspiel auf den Punkt bringt. Vor über einhundert Jahren schrieb Bram Stoker in *Dracula* (1897) erstmals vom »Untod«. Seitdem halten uns die so Bezeichneten fest in ihrem Griff. Wir schreiben über sie, wir filmen sie, wir fürchten sie. Und wir eifern ihnen nach, siehe »Zombie Walk«. Ganz in diesem Sinne inszenieren sich auch die Mitglieder der britischen Psychobilly-Band *Demented Are Go* auf der Bühne als Zombies oder suchte die Technische Universität Dresden im März 2017 nach Statisten für eine »360-Grad-Zombieaufnahme«. Der kanadische Performance-Künstler Rick Genest, der »Zombie Boy«, versucht sich durch Tätowierungen am ganzen Körper der Erscheinung einer verwesenden Leiche anzunähern, während der US-amerikanische Musiker und Regisseur Rob Zombie es (zunächst?) bei Schminke und auffälliger Namensgebung belässt. Und zu einer ganz anderen Art von Zombie, nämlich zu einem »Smombie«, wurden 2015 im Namen des Langenscheidt-Verlags diejenigen erklärt, die in Bus und Bahn unentwegt auf ihr Handy starren. Ob die Jugendgeneration den Ausdruck nun benutzte oder nicht, der »Smombie« wurde zu ihrem Wort des Jahres.

Tatsächlich hat sich auch die Wissenschaft der wandelnden Leichen angenommen, der Zombie scheint sich in den letzten Jahren als lohnenswertes Forschungsobjekt zu etablieren. Manch einem mag an dieser Stelle die Frage durch den Kopf schießen, ob es denn wirklich sinnvoll oder gar nötig sei, sich auf akademischem Niveau mit umherschlurfenden Untoten zu befassen. Letzten Endes führt solch eine Überlegung zur generellen Frage, ob Wissenschaft sich mit Populärkultur zu beschäftigen habe – denn der Zombie ist zu wenig anderem als zu einem Produkt derselben avanciert (ethnologische Fragestellungen den karibischen Raum betreffend einmal ausgenommen). Wenngleich hier nicht der Ort ist, diesem Diskurs zu folgen oder ihn gar bereichern zu wollen, sei doch ein kurzes, bündiges Statement abgegeben: Ja, es ist absolut nötig, dass sich Wissenschaft mit Populärkultur auseinandersetzt. Glücklicherweise ist diese Einstellung mittlerweile durchaus etabliert, und sogar die Phantastik – vielerorts ein Unwort der heiligen Hallen akademischer Institutionen – als bevorzugtes Genre unserer Untoten ist zumindest in Teilen im wissenschaftlichen Diskurs angekommen. Das ist natürlich alles noch ziemlich ausbaufähig, aber doch immerhin ein Anfang.

Zurück zum Zombie: An dieser Stelle sei der kurze Einstieg in unser Thema beendet, wenngleich man die kulturellen Ausformungen der wandelnden Leichen schier endlos weiterführen, gewissermaßen eine monströse Auflistung an inkarniertem Untod leisten könnte. Wenden wir uns stattdessen dem Sinn und Zweck dieses Büchleins zu. Die Ausführungen zum Zombie sind zahlreich, vielleicht fast so zahlreich wie die Wesen selbst. Eine ganze Menge Leute hat eine Meinung zu den Untoten und beleuchtet sie mal mehr, mal weniger lesenswert aus den unterschiedlichsten Blickwinkeln. Mit diesem kleinen Essay wollen wir uns nun auf eine Reise begeben und einige der vielen Lesarten des Zombies aufzeigen; von den fernen Gestaden Afrikas begeben wir uns über Haiti in die USA. Von dort aus in den Rest der Welt. Wir begleiten den Zombie auf seinem Weg in die Popkultur und machen Halt an den wesentlichen Stationen seiner großen Reise, immer bedacht, ihm nicht unser Hirn als Delikatesse zu offerieren. Ohne Anspruch auf Vollständigkeit ist dieser Text eine Einladung. Eine Einladung an alle Interessierten, sich näher mit dem Zombie zu befassen. Profis im Umgang mit Untoten mögen hier wenig Neues lernen, richtet sich das Büchlein doch eher an Neulinge, die mehr über diese in der Kultur der Postmoderne so omnipräsenten Wesen wissen wollen. Und solches Wissen brauchen wir. Denn die Untoten werden kommen. Und dann müssen wir vorbereitet sein…

2. Vom Untod

Woher kommt der Zombie? Diese Frage ist nicht gleichzusetzen mit jener nach dem Ursprung des Untodes. Letzterer bezeichnet ja einen Zustand, der Zombie hingegen ist nur eine Manifestation desselben. Grundsätzlich scheint nun erst einmal jeder untot zu sein, der noch am Leben ist. Der Terminus »Untod« offenbart so eine doppelte negative Struktur und rückt damit in direkten Zusammenhang mit der Frage, was es denn eigentlich heißt, am Leben zu sein. Wenn wir postulieren, dass der Mensch von nebenan, dass wir am Leben sind, ein Zombie dagegen am *Un*-Leben, dann sind wir theoretisch alle untot. Oder? Und was ist dann mit anderen, mit ähnlichen Wesen, zum Beispiel den Vampiren? Um das Problem ein wenig zu verkomplizieren, stellen sich die Zombies auch noch als äußerst heterogen ihr *Un*-Leben betreffend dar. Auf der einen Seite sind da nämlich jene Zombies, die tatsächlich buchstäblich tot waren, um dann durch irgendeine Kraft, sei es nun Zauber oder atomare Strahlung, als Untote zurückzukehren. George Romeros Zombies in *Night of the Living Dead* waren tot, sind jetzt aber untot. *28 Days Later* zeigt uns auf der anderen Seite Lebende, die von einem Virus befallen werden, welches sie in rasende Bestien verwandelt. Wir bezeichnen auch sie als Zombies, obwohl sie eigentlich gar nicht tot waren. Weiter: Wenn nun das Dasein als Zombie auf irgendeine Art und Weise erreicht worden ist, wie fühlen wir uns dann? Erinnern wir uns an unser früheres Leben, an unsere Freuden und Sorgen, an Familie und Freunde? Oder wollen wir nur Hirne verzehren? Der Film zumindest kennt beide Varianten. Besagte

Infizierte aus *28 Days Later* werden allein vom Wunsch zu töten angetrieben, sie gebärden sich wie rasend, wollen allen Lebenden an die Gurgel. In *Warm Bodies* (2013) dagegen empfindet der Zombie R etwas, er verliebt sich in eine Lebende. Die romantische Komödie vermag vermeintlich auch den Heißhunger auf Gehirne zu erklären, denn nur nach dem Verzehr derselben vermögen die Zombies dort Gefühle zu durchleben, die Erinnerungen an ihr altes Leben wach zu halten.

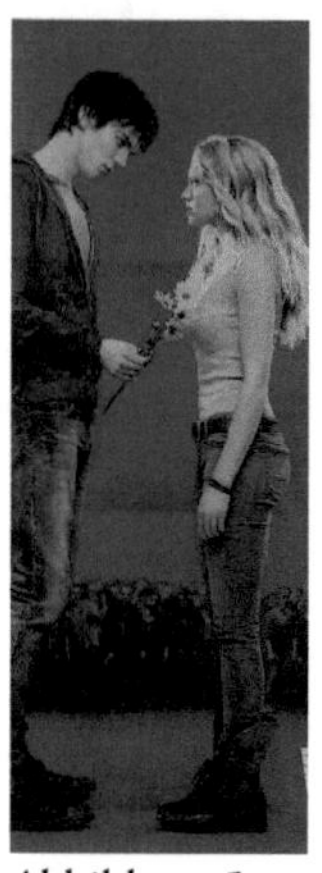

Abbildung 5: Zombie R findet die Liebe. *Warm Bodies*, USA 2013, Filmplakat (zugeschnitten), © Summit Entertainment.

Andererseits gebärden sich die meisten Zombies kaum wie die Lebenden. Trostlos schlurfen sie umher, nur wenn ein Überlebender in ihre Nähe gerät, werden sie in ihrer Gier nach lebendigem Fleisch aktiv und greifen an. Auch gegenüber ihren Angehörigen, ihren Familien, ihren Liebsten zeigen sie kein Erkennen, allein das fast schon grotesk überzeichnete Einverleiben des Menschlichen zählt für sie, nur der Hunger treibt die Zombies an. Die Untoten sind nicht rational, sie sind keine bewussten Wesen. Sind sie dann böse? Können sie überhaupt böse sein? Oftmals fällt es gar schwer, den Zombie überhaupt als Subjekt einzuordnen, erscheint er doch als Teil eines gigantischen Organismus, einer Legion von Untoten. So gesehen belastet es auch nicht unser Gewissen, uns ihrer per beherztem Kopfschuss zu entledigen, die Untoten zurück in den Tod zu führen.

Was macht nun den Untoten aus? Irgendwie muss er ja vom Lebenden abzugrenzen sein, wäre dem nicht so, wäre er ja eben lebendig, nicht untot. Der Philosoph Richard Greene etwa versteht unter einem Untoten ein Wesen, welches gelebt hat und dann irgendwann gestorben ist, dessen Ruhe nun aber durch irgendeine Kraft gestört wird, die es zwingt, wieder unter den Lebenden zu wandeln (Greene 2010). Damit, und dieser Lesart wollen wir uns (mit kleinen Einschränkungen) anschließen, fallen die meisten Zombies unter die Untoten, wir als Lebendige jedoch nicht – durchaus beruhigend! Beruhigend, denn wir wollen nicht untot sein, das Dasein als Zombie lehnen wir ganz entschieden ab. Man könnte nun fragen, warum eigentlich. Ein Blick zurück auf den Fernseher könnte uns nämlich *Shaun of the Dead* (2004) zeigen. Dort ändert die Tatsache, dass er untot ist, wenig am (zugegebenermaßen vielleicht nicht ganz erstrebenswerten) Alltag von Ed, verbringt er seine Zeit doch noch immer größtenteils mit Videospielen. Ob man nun dem ständigen Herumhängen vor der Playstation zugeneigt ist oder nicht, soll hier nicht weiter beschäftigen. Interessant ist jedoch die Feststellung, dass es den meisten Untoten schlicht egal sein dürfte, dass sie untot sind. Wenn sie nämlich keine bewussten Wesen sind und nur triebgesteuert agieren, dann sind sie gar nicht in der Lage, ihren Zustand zu hinterfragen. Anders präsentiert sich die Situation nun freilich, wenn man *Warm Bodies* glauben möchte. Noch einmal zurück zu *28 Days Later* bedeutet unsere Definition übrigens, dass wir es hier nicht mit Untoten zu tun haben, sondern mit Infizierten – erstere sind untot, letztere eben infiziert, nicht tot. Denjenigen, die ihnen begegnen, dürfte ein solcher Unterschied allerdings ziemlich egal sein...

Weiter unten werden wir sehen, dass nicht jeder Zombie unbedingt untot im Greene'schen Sinne sein muss.

Der haitianische Voodoo-Zombie, und damit der ursprünglichste Vertreter seiner Art, kann nämlich untot sein, muss es aber nicht – es reicht auch ein scheintodähnlicher Zustand für eine Verwandlung in einen Zombie aus. Und auch die Infizierten aus *28 Days Later* bezeichnen wir als Zombies. Man könnte an dieser Stelle nun berechtigterweise einwerfen, ob es denn überhaupt wichtig ist, einen Zombie als untot oder eben nicht einzustufen. Demjenigen, der ihm begegnet, werden solch kleine Unterschiede sicherlich nicht auffallen, während er um sein Leben rennt. Aber auch unbeteiligten Beobachtern mag der Gedanke in den Sinn kommen, dass die Frage nach dem Untod nicht die allein wesentliche ist, wenn es um Zombies geht. Im weiteren Verlauf unserer Reise werden wir zum Beispiel sehen, dass es auch der Aspekt der zwanghaften Fremdbestimmtheit ist, der unsere wandelnden Toten (oder eben *Nicht*-Toten) auszeichnet. Besonders deutlich zeigen jenen übrigens auch einige heute wenig bekannte Filme wie etwa *King of the Zombies* (1941) oder das Werk hinter dem schier atemberaubenden Titel *The Incredibly Strange Creature Who stopped Living and Became-Mixed Up Zombies* (1964).

3. Kulturmonster

Sein Dasein allein macht den Zombie zu einem Paradoxon. Er ist weder ganz Mensch noch ist er ein Tier, er ist weder richtig tot noch richtig lebendig, er ist weder Subjekt noch Objekt. Damit entzieht er sich der Kategorisierbarkeit nach einer binären Entweder-oder-Logik. Räumlich gesprochen hieße das, der Zombie gehört weder zum Raum des Lebendigen noch zu jenem des Toten, er ist weder ganz Teil der Zivilisation noch der Wildnis; er ist das Wesen eines »Dritten Raums«, um es mit dem postkolonialen Theoretiker Homi K. Bhabha zu formulieren (Bhabha 2004). Der Zombie besteht gleichzeitig aus zwei uns vertrauten Zuständen, er negiert Naturzustände genauso wie jegliche Form menschlich-sozialer Ordnung. Hinsichtlich seines Verhältnisses zur natürlichen Ordnung lässt sich der Zombie (genau wie jedes Monster) über das Prinzip der Abweichung fassen. Er ist ein Normverstoß, in seiner Nicht-Zuordenbarkeit erscheint er als ein negatives Wesen. Gleichzeitig ist er aber kein *Nichts*, denn in ihm spiegelt sich immer auch das, was er nicht ist. Der Zombie ist kein Ding, er ist ein *Un*-Ding (Kristeva 1982). Dieses *Un*-Ding verweist auf etwas, man könnte sagen, der monströse, der zombifizierte Körper möchte uns etwas mitteilen. Gleich einem Buchstaben deutet er stets auf etwa anderes hin als auf sich selbst. In der Terminologie Roland Barthes' wäre der Zombie ein *motiviertes* Zeichen, welches mit Claude Lévi-Strauss fordert, dass seine Wirklichkeit »in einem bestimmten Masse durch den Menschen geprägt ist« (Lévi-Strauss 1968: 33).

In seiner Nicht-Zuordenbarkeit ist ein Zombie die Manifestation eines kulturell *Anderen*. Wenn der zombifizierte Körper einen Normverstoß darstellt, dann repräsentiert er das, was nicht sein kann, was nicht sein darf. Die Toten haben nun einmal tot zu bleiben! Wie dem auch sei, es ist nicht damit getan, festzustellen, dass der Zombie das *Andere* repräsentiert. Wenn wir festhalten, dass das Monströse im Allgemeinen (und damit auch der Zombie im Speziellen) in seiner Andersartigkeit auf etwas verweist, dann müssen wir verstehen, wie wir den Zombie lesen können. Glücklicherweise brauchen wir dafür nicht zu warten, bis er lang genug still hält, denn es reicht aus, sich anzusehen, wie, wo und in welcher Form er erscheint, um Rückschlüsse auf das entsprechende *Warum* zu ziehen. An dieser Stelle kommt der oben schon kurz erwähnte Jeffrey J. Cohen ins Spiel. Der hat nämlich vor einigen Jahren eine provokante These formuliert, die – etwas überspitzt – das Folgende aussagt: Man zeige mir ein Monster, dann erkläre ich anhand dieses Monsters die Kultur, die es hervorgebracht hat (Cohen 1996). Diese Aussage impliziert zwei Dinge. Erstens: Monster (also auch Zombies) sind Kulturprodukte. Zweitens: Anhand dieser Monster lassen sich Erkenntnisse über kulturelle Verhältnisse, über Werte und Normen der jeweiligen Gesellschaft gewinnen. Cohen schreibt hierzu, dass dem Monströsen grundsätzlich jegliche Form von kultureller Alterität eingeschrieben sein könne, zumeist erhalte diese aber politische, religiöse, sexuelle oder ethnische Ausformung. Ein Monster wird gewissermaßen von der Gesellschaft geschaffen. Denn wenn das Monster das *Andere* darstellt, in ihm sich also Dinge manifestieren, die nicht sein können oder dürfen, dann muss sich das Verständnis von Monstrosität mit den es umgebenden Werten und Normen wandeln.

Ein Beispiel: Im abendländischen Kulturraum (wo auch immer dieser genau beginnt oder endet) ist es ein absolutes Tabu, das Fleisch von Menschen zu verzehren. Kannibalismus geht gar nicht! Gewisse rein symbolische Ausformungen – Stichwort: Eucharistie – seien an dieser Stelle ausgespart. Während das Essen anderer Menschen uns also seit ewigen Zeiten strengstens untersagt ist, wurde Kannibalismus in ritualisierten Formen in manchen außereuropäischen Kulturen durchaus in der jüngeren Vergangenheit praktiziert. Wir wollen uns hier nicht auf irgendwelche touristischen Schauermärchen oder billigen Südsee-Klischees einlassen, deswegen sei an dieser Stelle ein medizinisch nachgewiesenes Beispiel angeführt: die Fore. Jene etwa 20.000 Mitglieder zählende Ethnie lebt im Osten Papua-Neuguineas und ist vor allem durch das gehäufte Auftreten der Prionenkrankheit Kuru bekannt geworden. Es stellte sich schließlich heraus, dass der entsprechende Erreger durch den Verzehr von Menschenfleisch übertragen wird, praktizierten die Fore doch endokannibalische Rituale, in denen sie sich Körperteile verstorbener Mitglieder der Gemeinschaft einverleibten (Schröter 1994). Diese Form der Anthropophagie bezeichnet das Verzehren von Angehörigen, meist aus dem Wunsch heraus, die Verstorbenen zu ehren, sie nach deren Tod in sich aufzunehmen, sie bei sich zu tragen. In der

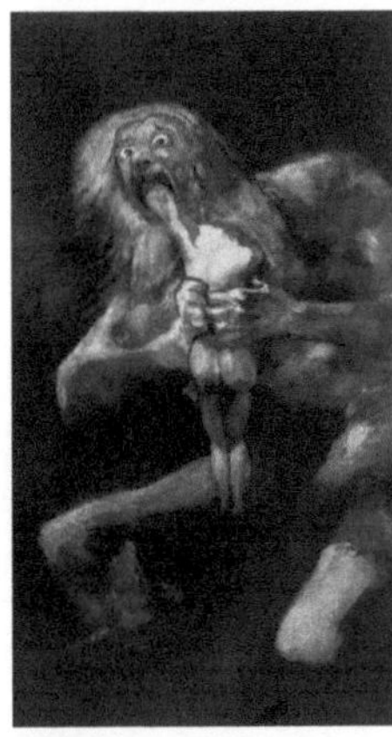
Abbildung 6: Saturn frisst seine Kinder. Francisco de Goya, CC-PD.

Kultur der Fore also ist Kannibalismus kein Tabubruch; zumindest nicht bis zu seinem offiziellen Verbot 1954. In Europa und anderen Kulturräumen dagegen schon. Das Verzehren von Menschenfleisch ist uns nicht erlaubt, der Kannibale ist ein Monster. Michel Foucault etwa hat in seinen bekannten Vorlesungen zum Anormalen den Kannibalen als prototypisches »Sittenmonster« bezeichnet (Foucault 2007). Das Monströse ist hier nicht direkt sichtbar, es offenbart sich erst in den Handlungen des monströsen Wesens. Der Kannibalismus kann in Europa so zum Instrument der Diffamierung werden – unterstellen kann man ihn theoretisch erst einmal jedem, er ist ja nicht nach außen hin sichtbar.

So bezichtigen etwa revolutionäre Schriften im Kontext der Französischen Revolution Ludwig XVI. und seine Frau Marie Antoinette, nach dem Blut ihres Volkes zu dürsten; der König wird zum monströsen Monarchen (Niehaus 2009). Das wohl bekannteste Foucault'sche Sittenmonster ist aber Hannibal Lecter, der meisterhafte Anthropophage der Romane Thomas Harris' sowie der entsprechenden Verfilmungen. Er ist allerdings auch äußerlich als Monster zu erkennen, wenn man die Zeichen zu deuten weiß: Neben dem sich auf »cannibal« reimenden Vornamen entlarvt ihn seine Polydaktylie als *anders*.

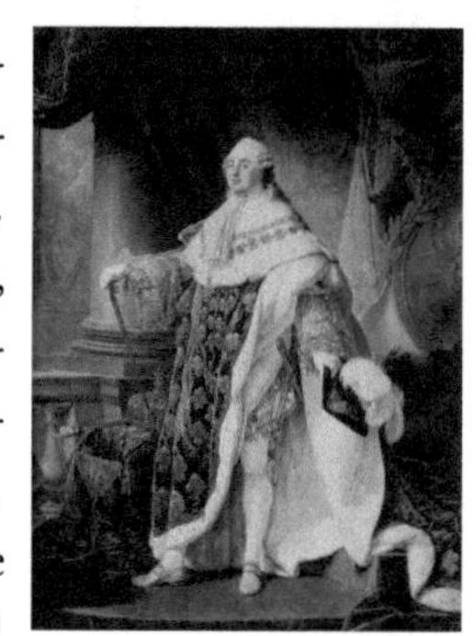

Abbildung 7: Ludwig XVI.: Der König als Kannibale? Antoine-François Callet, Ludwig XVI., CC-PD

Das Monströse ist also wandelbar. Wie lässt es sich nun lesen? Wenn ein König zum Kannibalen wird, dann ist das eine politische Strategie, eine Strategie zur Destabilisierung des von ihm repräsentierten Systems. Das Monströse wird also nutzbar gemacht, um ein bestimmtes Ziel zu erreichen. Diese Tatsache verweist bereits auf die Frage nach der kulturellen Lesbarkeit des Monströsen. Diese Lesbarkeit lässt sich am ehesten exemplarisch vorführen. Die Auswahl der Monster ist riesig, wir wollen uns deshalb mehr oder minder wahllos für den Vampir entscheiden. Zum Zombie kommen wir später, dafür dann ausführlich. Besagter Blutsauger nun entstammt vermutlich besonders der osteuropäischen Folklore des Balkanraums (wenngleich er durchaus auch von anderen Einflüssen geprägt wurde), und erreicht das Abendland im 18. Jahrhundert zunächst in Form medizinischer Abhandlungen habsburgischer Militärärzte, welche die angebliche Wiederkehr der Toten in verschiedenen serbischen Dörfern untersuchten. Mit dem Siegeszug der Romantik zieht der Vampir dann in die Welt der Literatur ein – und hier beginnen wir zu lesen. John Polidori öffnete den Blutsaugern mit *The Vampyre* (1816) die Tür zu den Clubzimmern der englischen Oberschicht. Der Upperclass-Vampir Lord Ruthven und sein Handeln verkörpern den zeitgenössischen Konflikt zwischen dem als ewig gestrig und dekadent verschrienen Adel und einem rasant aufsteigenden Bürgertum. Einige Jahre später betritt mit dem Grafen Dracula dann die mit Abstand bedeutendste Vampirgestalt die literarische Bühne. Stokers Roman, das »Kompendium eines viktorianischen Gender- und Sexualdiskurses« (Ruthner 2013), hat bis heute eine schier unglaubliche Fülle an sinnvollen und sinnleeren Deutungen zur Folge gehabt: man verstand den Roman zum Beispiel als Kapitalismuskritik, als Ausdruck unterdrückter seelischer Triebe oder fand in der Figur des Grafen den Spiegel einer antisemitischen Haltung des Autors, geprägt durch Angst vor einer vermehrten Immigration ostjüdischer Einwanderer ins London des ausgehenden 19. Jahrhunderts. Gewalt und Blutdurst kommen in Gestalt des Vampirs buchstäblich aus dem Nichts, er eignet sich deshalb als Vehikel jeglicher Form von Kritik (Brittnacher 1994). Unser Blutsauger mag deshalb die rachsüchtige, entmachtete Aristokratie symbolisieren, den Stalinismus verdammen, nymphomanische Weiblichkeit vorführen oder der Furcht vor sich rasch ausbreitenden, vor vampirischen Krankheitserregern fassbare Gestalt geben: Das Monster geht mit der Zeit, es ist immer *up to date*! Der Rezipient des ausgehenden 19. und frühen 20. Jahrhundert liest einen anderen *Dracula* als jener unserer Zeit.

Soviel dazu. Kommen wir (endlich) zurück zu den Zombies. Bis hierhin haben wir uns Gedanken zum Dasein als Untoter gemacht und festgestellt, dass man Monster lesen kann. Letztere Erkenntnis werden wir im Folgenden für die wandelnden Toten nutzbar machen. Wir wollen sehen, was wir nicht alles im verwesenden Fleisch des Zombies erkennen können. Nun hat allerdings alles irgendwo einen Anfang, ein Buch wird geschrieben und gedruckt, ein Monster wird geboren, hat einen Ursprung.[1] Gemeinhin ist es allerdings gar nicht so einfach, die kulturhistorischen Ursprünge von *irgendetwas* zu fassen. Beim Zombie haben wir so gesehen großes Glück, denn sein Geburtsort scheint relativ sicher zu sein. Bevor wir die Untoten als popkulturelles Phänomen lesen, sei deshalb ein kurzer Blick auf ihre Wurzeln geworfen.

[1] Wie kompliziert sich die Frage nach dem Ursprung des Monströsen tatsächlich darstellt, hat Thomas Macho eindrucksvoll illustriert. Vgl. dazu Macho 1998.

4. Magie und Mythos

Woher kommt der Zombie? Ursprünglich, so die aktuelle Forschungsmeinung, ist der Zombie Afrikaner, wurde dann aber im Kontext des transatlantischen Sklavenhandels in die Karibik gebracht, wo die Figur sich wandelte. Es ist auch jener karibische (genauer: haitianische) Zombie, den Hollywood schließlich für sich entdecken sollte. Etymologisch lassen sich die wandelnden Toten auf Entlehnungen aus den afrikanischen Bantusprachen zurückführen: *zombi* oder *zumbi* bedeutet dort etwa »versklavter Geist«.[2] Und um genau eine solche Versklavung geht es bei diesem frühen Zombie auch, er ist der willenlose Diener eines Magiers, ähnlich wie im Film *White Zombie* (1932), in dem Bela Lugosi einen solchen Magier darstellt. In Benin beispielsweise glaubte man, dass, wenn jemand durch einen Magier zu Tode kam, dieser den Betreffenden aus dem Grab holen und unter seine Knechtschaft zwingen konnte. In der ehemaligen südafrikanischen Provinz Transvaal dagegen ging die Versklavung ein wenig anders vonstatten. Hier geschieht der Akt des Tötens selbst auf eine schwarzmagische Art und Weise, so landet nur der Geist im Grab, während der Körper seinem Mörder gehorchen muss (Ackermann/Gauthier 1991).

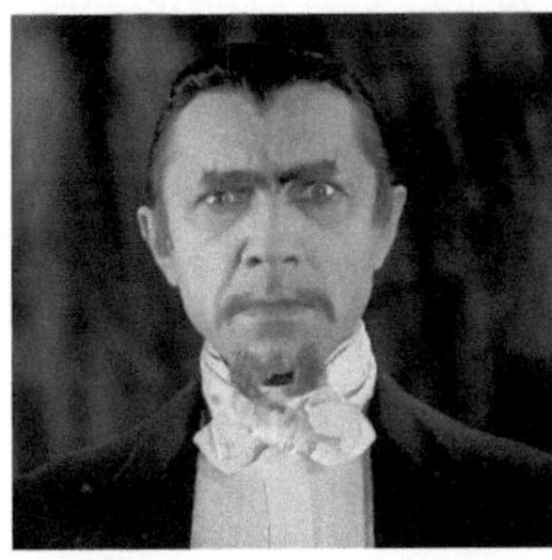

Abbildung 8: Bela Lugosi in *White Zombie*. USA 1932, Screenshot, © Victor & Edward Halperin Productions.

[2] Wir wollen im Folgenden die amerikanisierte Schreibweise »Zombie« beibehalten, da wir uns besonders mit eben jenem popkulturellen Phänomen auseinandersetzen.

Deutlich fassbare historische Fußabdrücke hat er Zombie schließlich in Haiti hinterlassen. Jener kleine Inselstaat auf Hispaniola ist Schauplatz dramatischer historischer Ereignisse. Einstmals war die Region eine französische Kolonie. Eine äußerst rentable Kolonie: Zuckerrohr-, Baumwoll- und Kaffeeplantagen, natürlich alle von Sklaven bewirtschaftet, verhalfen den Kolonialherren zu einigem Wohlstand. Die für die Plantagenarbeit notwenigen Sklaven wurden aus Afrika entführt und brachten wohl auch den Zombie mit in die Karibik. Nachdem sich jene Sklaven in einem blutigen Aufstand erfolgreich gegen die Zwangsherrschaft zur Wehr setzen konnten, wurde Haiti Anfang des 19. Jahrhunderts zur ersten *Black Republic.*

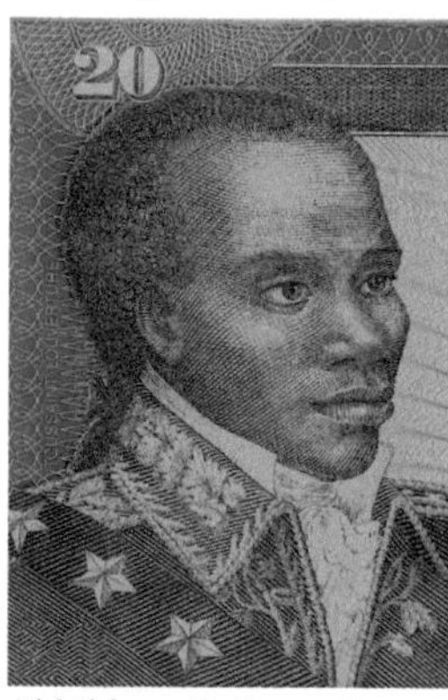

Abbildung 9: François-Dominique Toussaint Louverture, einer der Anführer der Haitianischen Revolution. Briefmarke, CC-PD.

Von 1915 war der kleine Staat dann bis 1934 von den US-Amerikanern besetzt. Das Auftauchen und letzten Endes auch die Popularität des Zombies sind nur unter diesen Voraussetzungen zu erklären, galt das Land den Besatzern ob der vermeintlichen heidnischen und gerne auch mal kannibalischen Rituale der Einheimischen doch als Hort schwarzer Magie, als Heimat allerlei bösartiger Gestalten; rassistische Stereotypisierung diskreditierte die religiösen Voodoo-Praktiken der Haitianer (Hurbon 1988). Das diesem Glauben inhärente Zweiseelen-Konzept bildet die Keimzelle des Zombies. Nach jener Vorstellung beherbergt der menschliche Körper eben zwei Seelen, eine Vitalseele und eine Schattenseele. Während des Schlafes und nach dem Tod verlässt letztere den Körper, dabei kann sie von einem entsprechend versierten Magier eingefangen und jenem dienstbar gemacht werden. Analog dazu kennt man deshalb in Brasilien Zombies, die theoretisch lebendig sind, aber ihre Schattenseele an einen Magier verloren, während sie schliefen. Andererseits kann auch der tote, von der Schattenseele verlassene Körper als Zombie dienen. »Gebraucht« wurden Zombies vermeintlich für die Arbeit auf den Plantagen. Um nun einen solchen ultimativen Sklaven (denn nichts anderes ist der Zombie hier) zu gewinnen, versetzt der Magier (*bòkò*) einen Menschen durch ein Gift in einen Scheintod. Jene Bedauernswerten wurden für tot gehalten und begraben, um als Zombie »wiedererweckt« zu werden. Bekannt geworden ist in diesem Zusammenhang die – durchaus kontrovers diskutierte – Studie Wade Davis', welche die benutzten Halluzinogene als Produkt aus dem Kugelfischgift Tetrodotoxin und der Datura-Pflanze zu identifizieren glaubt (zusammenfassend Stiglegger 2013). Die Arbeit wurde allerdings vermehrt ob ihrer vermeintlich unzureichenden empirischen Aufarbeitung kritisiert. Die wenigen tatsächlichen Sichtungen angeblicher »Zombies« seien vielmehr auf Irrtümer zurückzuführen. So hätte man beispielsweise Obdachlose für Untote gehalten (z.B. Littlewood/Douyon 1997).[3]

Mit dem Prinzip der bedingungslosen Dienstbarkeit seinem Erwecker gegenüber beginnt auch schon die Lesbarkeit des Zombies. Gerade in Bezug auf die Kolonialvergangenheit Haitis kann der karibische Zombie etwa als Motiv kapitalistischer Ausbeutung gedeutet werden. Er eignet sich so nicht allein als Erinnerungstrope, sondern

[3] Einen weitergehenden Überblick hierzu bietet Hercenberger (2016). Umfassend mit dem Thema befasst hat sich McAlister (2012).

ebenso als Katalysator zeitgenössischer Debatten, nicht nur in Haiti (Hurbon 2008). Materiell repräsentieren die Untoten so etwa die Armut der haitianischen Bevölkerung. Es geht aber auch durchaus gewalthaltiger. Dazu sei kurz der Einwurf gebracht, dass ein Zombie in Haiti nicht auf immer ein solcher sein muss. Der Geschmack von Salz – es kann so einfach sein! – ist etwa geeignet, ihn aus dem Unleben zurück ins Leben zu holen. Unter diesen Gesichtspunkten hat er als Metapher für die Revolution haitianischer Sklaven gedient. Den wie Zombies willenlos, teils unter den schrecklichsten Bedingungen, schuftenden Frauen und Männern wurde symbolisch Salz eingeflößt, was sie (wieder-)erweckte und den Kampf gegen die sie unterdrückenden Kolonialherren aufnehmen ließ.

Wir wollen uns nun aber vor allem mit dem popkulturellen Zombie befassen. Und um zu einem solchen zu werden, musste sein prä-kinematischer Vorfahr zunächst die USA erreichen. Der aufmerksame Leser mag bereits ahnen, dass eine solche Reise von Haiti aus für unseren Untoten durchaus gut zu bewerkstelligen war, er musste nur ein Schiff der Besatzungsmacht besteigen und gen Norden fahren. Einen Teil dieser Passage leistete etwa William Seabrook mit seinem Reisebericht *The Magic Island* (1929).

5. Auf dem Weg ins Kino

Wenn wir ehrlich sind, haben es sich die Zombies wohl nicht ausgesucht, zum Bestandteil der Filmindustrie zu werden. Kein Wunder, wenn man bedenkt, zu *welchem* Teil sie wurden: Wohl kaum ein Wesen wurde so oft und so blutig inszeniert in Stücke gerissen, erschossen, enthauptet, zerquetscht oder sonst wie ins Jenseits befördert ... Wie dem auch sei, unsere Untoten traten also die Reise nach Amerika an, wo sie nach und nach zum nicht mehr wegzudenkenden Statisten des Horrorfilms wurden, ja mit dem Zombiefilm gar ihr eigenes Subgenre spendiert bekamen. Als erster bedeutender Vertreter jenes Typs gilt gemeinhin *White Zombie*. Hier finden wir uns noch tief im kolonialen Hintergrund der Figur verstrickt. Der Plot selbst kann an dieser Stelle vernachlässigt werden, wichtig zu wissen ist, dass im Film der (weiße) Besitzer einer Zuckermühle seine Arbeiter in Zombies verwandelt, die ohne Unterlass für ihn schuften, stetig seinen Profit mehren müssen.

Die Parallelen zum Voodoo-Zombie sind offenkundig, das Sklaverei-Motiv ist zentral. Hier offenbart *White Zombie* zweierlei Lesarten. Einerseits thematisiert Regisseur Victor Halperin die koloniale Ausbeutung Haitis, wenn der weiße »Kolonialherr« die Indigenen als entmenschlichte Instrumente zur persönlichen Bereicherung nutzt. Die Zombie-Arbeiter der Zuckermühle erscheinen als widerstands- und emotionslose Wesen, gefangen in den immer gleichen Abläufen ihres Tagwerks. Andererseits wirkt hier noch die Erfahrung des großen Börsencrashs nach: Die Zombies arbeiten, kümmern sich nicht um lange Arbeitszeiten, streiken nicht. Selbst als einer der ihren in die Mühle fällt, halten sie nicht einmal inne – der Bedauernswerte wird einfach zermahlen, niemand ist sich der Tragödie überhaupt bewusst. Den Europäer als verdammenswerten Kolonialherren, dieses Bild hat später auch Jean-Paul Sartre gezeichnet:

»Europäer, schlagt dieses Buch auf, dringt in es ein. Nach einigen Schritten im Dunkeln werdet ihr Freunde um ein Feuer versammelt sehen. Tretet heran und hört zu: Sie beraten über das Schicksal, das sie euren Niederlassungen und euren Söldnern zugedacht haben. Sie werden euch vielleicht sehen, aber sie werden fortfahren, miteinander zu sprechen, ohne auch nur die Stimme zu dämpfen. Diese Gleichgültigkeit ist wie ein Stich ins Herz: die Väter, Kreaturen des Schattens, eure Kreaturen, waren tote Seelen; ihr gabt ihnen Licht, sie wandten sich nur an euch, und ihr machtet euch nicht einmal die Mühe, diesen ‚Zombies' zu antworten. Die Söhne ignorieren euch: sie erleuchtet und wärmt ein Feuer, das nicht das eure ist. Ihr, in respektvollem Abstand, werdet euch flüchtig, nächtig, befangen fühlen: jetzt seid ihr an der Reihe; in jedem Dunkel, aus dem eine andere Morgenröte hervorgehen wird, seid ihr jetzt die ‚Zombies'.« (Sartre 1969: 11).

Der weiße Kolonialherr erscheint Sartre als neuer Voodoo-Priester. Das Bild des Zombies, welches er hier zeichnet, dient der Verschiebung der Perspektive; es bedeutet aber nicht, dass die Europäer nun zu den Sklaven der Afrikaner werden, sondern vielmehr, dass sie als grundlegend bösartig, als Ausbeuter ohne jedes Gewissen restlos zerstört werden müssen (Krautkrämer 2011).

White Zombie ist aber nicht der erste Zombiefilm. Sicher ist er der erste Vertreter seiner Art, der ein breites mediales Echo zur Folge hatte, und der heute seinen verdienten Platz als ein Klassiker des Horrorfilms eingenommen hat – es gibt aber andere Filme, die das Zombiemotiv bereits früher aufnahmen und für ihre Zwecke nutzten. Eines jener Werke ist eine deutsche Produktion, ein Propagandafilm im Kontext des Ersten Weltkriegs mit Namen *Der Gefangene von Dahomey* (1918). Die von der »Deuko«, der »Deutschen Kolonial-Filmgesellschaft«, verantwortete Produktion sollte die Zuschauer in den letzten Kriegsmonaten mobilisieren, sie gegen die Feinde des Kaiserreichs aufbringen. In diesem Sinne ist der Protagonist des Streifens ein deutscher Kriegsgefangener, der von einem sadistischen französischen Lagerkommandanten brutal gequält und erniedrigt wird. Zu Hilfe kommt ihm schließlich die Dienerin der Ehefrau seines Peinigers; eine Afrikanerin, die den Protagonisten mittels eines mysteriösen Gifts in einen Scheintod versetzt. Der für tot Befundene wird verscharrt, um von seiner Retterin »wiedererweckt« zu werden, damit er Rache an den französischen Soldaten nehmen kann. Nun sollte hier keineswegs der Eindruck entstehen, der Film wolle das Bild eines kulturellen Miteinanders im Angesicht eines übermächtigen Feindes, gewissermaßen eine deutsch-afrikanische Allianz gegenüber den »bösen« Franzosen zeichnen. Es ist vielmehr so, dass der deutsche Soldat die Hilfe heidnischen Wissens benötigt, um seine Rache vollziehen zu können. Die Afrikanerin dient hier als Mittel zum Zweck, als Vehikel jenes Wissens, womit sie dem Stereotyp der »edlen Wilden« entspricht, die keinesfalls als den Europäern gleichberechtigt angesehen wurde (Fuhrmann 2011).

Vier Jahre nach seinem ersten Zombie-Film legte Victor Halperin mit *Revolt of the Zombies* (1936) einen Streifen vor, in welchem die Untoten bereits ihr Potential zeigen, zu einer globalen Bedrohung zu werden. Produziert am Vorabend des Zweiten Weltkriegs thematisiert der Film die Frage, ob eine feindlich gesinnte Macht (Nazis? Japaner?) Zombies gegen das (weiße) Amerika einsetzen könnte (Rhodes 2001). Weitere Kriegspropaganda liefert dann *Revenge of the Zombies* (1943), wenn der Nazi-Arzt Max von Altermann tief in den Sümpfen von Louisiana eine Armee von Untoten erschaffen will, um mit ihnen die deutschen Truppen zu unterstützen. Wenig später entstand unter Jacques Tourneur *I Walked with a Zombie* (1943), eine Übertragung von Charlotte Brontës *Jane Eyre* (1847) auf die haitianische Kolonialwelt (Seeßlen 2011).

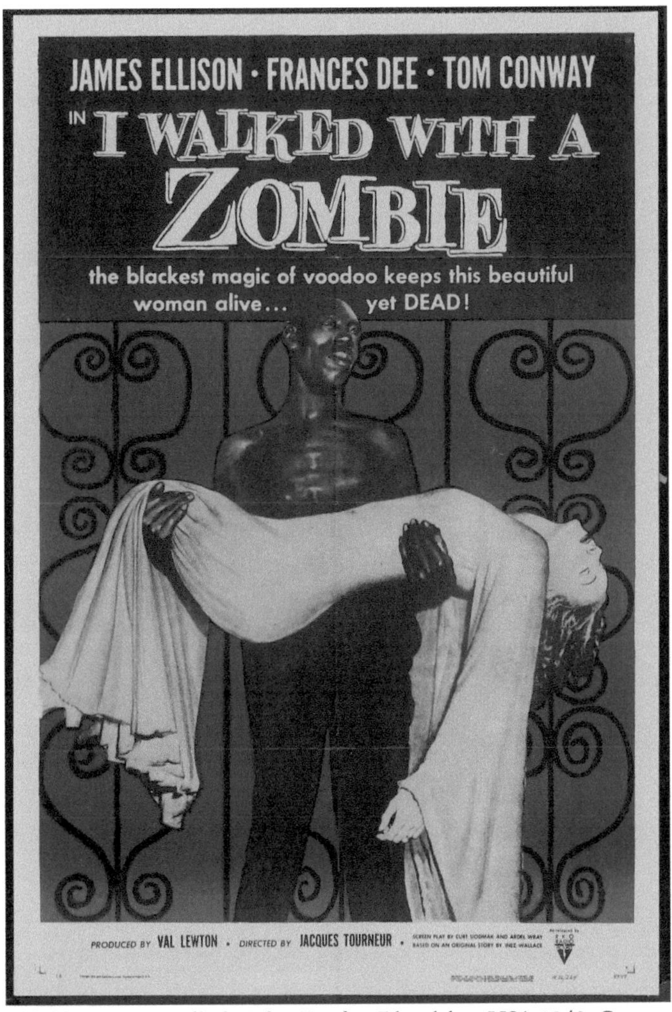

Abbildung 10: *I Walked With a Zombie*, Filmplakat. USA 1943, © RKO Radio Pictures.

Die Krankenschwester Betsy wird nach San Sebastián geschickt, um Jessica, die erkrankte Frau des Plantagenbesitzers Paul Holland, zu pflegen. Jessica leidet nach Meinung des behandelnden Arztes unter einem geheimnisvollen Tropenfieber, sie liegt in vollkommener Trance, nimmt anscheinend niemanden bewusst wahr. Nach und nach verliebt sich Betsy in Paul, will (aus Liebe) aber dennoch dessen Frau heilen. Nachdem mehrere Versuche dieser Art scheitern, probiert die Krankenschwester auf Anraten einer Hausangestellten, die Kranke von einem Voodoo-Priester heilen zu lassen. Es stellt sich heraus, dass der örtliche Priester bzw. die Priesterin Mrs. Rand ist, die Mutter Paul Hollands. Eben jene ist auch für den Zustand ihrer Schwiegertochter verantwortlich, da diese eine Affäre mit Pauls Halbbruder hatte und ihren Mann deshalb verlassen wollte. Die Protagonistin verliert sich ebenso in einem Geflecht aus Schuld und Unschuld wie im Nebeneinander weißer und schwarzer Kultur, welche gefährliche Zonen des *Dazwischen* bilden, wenn sie sich doch berühren. Der Zombie selbst erscheint hier nicht als bedrohlich (wie er es später tun wird), er ist vielmehr das Opfer, bemitleidenswert.

Das Jahr 1968 brachte dann einen tiefgreifenden Wandel hinsichtlich der filmischen Darstellung unserer Untoten: Romeros *Night of the Living Dead* erschien. War der Zombie bislang noch sehr deutlich im Voodoo verhaftet und präsentierte sich als (teils tragisch-bemitleidenswerte) Schreckgestalt aus der Karibik, verhalf Romero ihm zu einem neuen Image, welches ihn bis heute kennzeichnet. Der Zombie wird zum verwesten, eklig aussehenden Menschenfresser, zur apokalyptischen Gefahr für die gesamte Weltgesellschaft – weiter unten werden wir ihn näher kennenlernen.

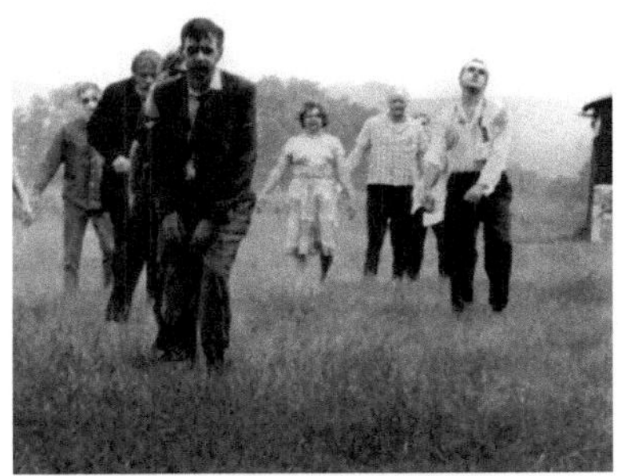

Abbildung 11: Zombies in *Night of the Living Dead*. USA 1968, Screenshot, © The Walter Reade Organization.

Hier wollen wir uns aber erst einer anderen Manifestation der lebenden Toten zuwenden, nämlich den italienischen Zombies. Auch diese wurden – wie eigentlich alle Zombiefilme nach *Night of the Living Dead* – von Romeros Neuinterpretation geprägt und gelten Fans heute als Klassiker des Genres. Spätestens nachdem Ende der Siebziger mit *Dawn of the Dead* (1978) der zweite Zombie-Streich des US-amerikanischen Kultregisseurs das Publikum begeisterte, witterte man die Möglichkeit, mit Zombiefilmen gutes Geld zu machen. Und am schnellsten reagierte man auf diesen neuen Markt ausgerechnet im sonnenbeschienenen, so fröhlich wirkenden Italien (Maier 2011). Und da man eben möglichst zeitnah einen Film brauchte, um an Romeros Erfolg anzuschließen, konzentrierte man sich auf möglichst blutige Action, Aspekte wie ein logischer Plot wurden demgegenüber vernachlässigt. Der erste dieser Filme, *Zombi 2* (1979; die Benennung als zweiter Teil sollte eine Nähe zu *Dawn of the Dead* suggerieren, welcher in Italien als *Zombi* veröffentlicht worden war, die es in keiner Weise gab), weist entsprechend eine zu vernachlässigende Handlung auf, kann dafür aber mit viel Kunstblut aufwarten. Das Werk wurde zum finanziellen Erfolg und prägte das Rezept der nachfolgenden italienischen Produktionen: Blut und Special Effects. Einer der Gründe, warum die Zombies zum italienischen Erfolg wurden, mag in der vorangegangenen Filmhistorie des Landes zu finden sein. Anfang der 1960er Jahre kam mit *Mondo Caine* (1962) ein Film in die italienischen Kinos, der dem Zuschauer eine Folge von Tabubrüchen vorsetzte, welche typischerweise als Dokumentaraufnahmen verpackt wurden: Hunde und Schlangen als menschliche Nahrung standen neben religiöser Selbstgeißelung. In den folgenden Jahren brachte dieses Mondo-Genre immer heftigere Vertreter hervor, bis das Interesse an derartigen Werken schließlich nachließ bzw. sie vom Kannibalen-Film abgelöst wurden. Und eben jener ging schließlich im Zuge der Erfolgswelle von *Dawn of the Dead* im Zombiefilm auf, was sich in Titeln wie *Zombi Holocaust* (1980) niederschlug, dessen deutscher Titel *Zombies unter Kannibalen* eher verdeutlicht, worauf wir hier hinauswollen. Mit der Zunahme einer Amerikanisierung des Kinos verschwanden aber Anfang der 80er Jahre auch die italienischen Zombies von der Bildfläche und zogen nach Hollywood (Maier 2011).

Dies ist nicht der Ort, die spannende Geschichte der Untoten als popkulturellem Phänomen in Gänze zu erzählen, wir wollen ja lernen, den Zombie zu lesen. Getreu diesen Leitsatzes wollen wir uns nun deshalb einer Lesart zuwenden, die sich wie eine Art roter Faden durch mehrere Jahrzehnte des Auftretens der lebenden Toten zieht. Wer sich dagegen näher über die Zombie-Historie informieren möchte, dem seien die entsprechenden Bücher von Jovanka Vuckovic (populärwissenschaftlich) oder Sarah Juliet Lauro und Deborah Christie (wissenschaftlich) ans Herz gelegt.[4]

[4] Vgl. Jovanka Vuckovic: Zombies. Die illustrierte Geschichte der Untoten. München 2012, Sarah Juliet Lauro: The transatlantic Zombie. Slavery, Rebellion, and Living Death. New Jersey (u.a.) 2015 sowie Deborah Christie, Sarah Juliet Lauro: Better off Dead. The Evolution of the Zombie as Post-Human. New York 2011.

6. Gesellschaft, Konsum und Kapitalismus

White Zombie nun machte bereits vor, was später oft kopiert werden sollte. Der Zombie wird zum Instrument der Kritik. In eine ähnliche Kerbe wie jenes Werk schlägt dabei die britische Produktion *The Plague of the Zombies* (1965). Hier wird der Aspekt der vollkommenen Ausbeutung in einem Bergwerk im viktorianischen England thematisiert. Einen Höhepunkt findet eine solche Lesart unserer wandelnden Toten bei George A. Romero, dessen *Night of the Living Dead* Kolonialismus-Kritik und religiösen Synkretismus auf teils überaus bedrückende Weise vermengt.[5]

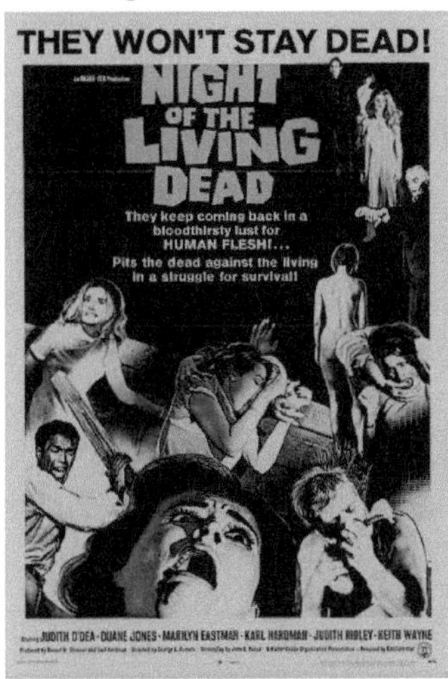

Abbildung 12: *Night of the Living Dead*, Filmplakat. USA 1968, © The Walter Reade Organization.

Von Pittsburgh aus brachte Romero, der heute verdientermaßen zu den Begründern des modernen Horrorfilms gezählt wird, seine bahnbrechende Independent-Produktion auf die Leinwand, eine kritische Abrechnung mit der zeitgenössischen amerikanischen Gesellschaft. Hier dient ein einsames Landhaus – ein Motiv, das bekanntermaßen später des Öfteren im Zombiefilm

[5] Teile der nachfolgenden Absätze sind unter selber Autorenschaft erschienen in: *phantastisch!* 65 (2017).

wiederkehren wird – als letztes Bollwerk gegen die anrückenden Horden von Untoten. Eine Gruppe von Überlebenden findet dort Zuflucht, doch bald entbrennen Konflikte unter den Eingeschlossenen. Jener scheinbar wahllos zusammengewürfelte Haufen unterschiedlicher Individuen dient Romero als Spiegelbild der amerikanischen Bevölkerung der ausgehenden 1960er Jahre. Auch die Handlung des Films treibt die Kulturkritik voran; so sind es etwa die Jugendlichen Tom und Judy, die beim Fluchtversuch durch eine Explosion zu Tode kommen und so einer destruktiven Gesellschaft den Spiegel vorhalten, die in Vietnam ihre Jugendgeneration zerstört (Drogla 2015). Das Kind attackiert seine Mutter, der Vater entpuppt sich als Rassist, zuletzt kämpft jeder nur noch um das eigene Überleben – drastische Indikatoren einer nicht nur politisch zerrissenen Gesellschaft. Die Konflikte zwischen den Menschen bringen keinen Gewinner oder Verlierer hervor, sie ebnen nur dem gemeinsamen Feind den Weg. Letzten Endes ist es der Afroamerikaner Ben, der als letzter Überlebender den Zombies entkommen kann – nur, um von der anrückenden Bürgerwehr erschossen und zusammen mit den Untoten auf dem Scheiterhaufen verbrannt zu werden. Sind es nun vielleicht gar nicht die Zombies, die das Ende der Menschheit herbeiführen?

Nicht nur der US-amerikanische Film nutzt den Zombie als Mittel der Gesellschaftskritik. So zeichnet spanische Genrevertreter häufig eine anti-katholische Prägung aus, die aus dem Widerstand gegen das Franco-Regime erwachsen ist. Hier hatte die katholische Kirche eine zentrale Rolle als Stützpfeiler der Macht des Diktators inne, indem sie unter anderem, im Gegenzug für weitreichenden gesellschaftspolitischen Einfluss, die Herrschaft des Regimes legitimierte. Als Beispiel mag uns Amando de Ossorios *Muertos sin ojos*-Reihe (ab 1971) dienen. Dass die Taten der Kirche während der vierzigjährigen Diktatur heute keineswegs verziehen sind, bewies unlängst *Rec* (2007). Hier forscht ein vatikanischer Priester an einem Zombie-Mädchen nach dem Heilmittel eines Virus, das in höchsten kirchlichen Kreisen als Auslöser dämonischer Besessenheit gesehen wird. Als die Situation eskaliert, muss der Geistliche fliehen. Er lässt das infizierte Mädchen zurück, welches nun die Bewohner des gesamten Hauses zu Zombies werden lässt.

Zurück in den USA schlägt auch Romeros zweiter Zombiefilm deutlich kritische Töne an und etabliert unsere Untoten als Mittel der Konsumkritik bzw. -satire. In *Dawn of the Dead* schlägt sich eine kleine Zufallsgemeinschaft von Überlebenden eines groß angelegten Untergangsszenarios bis zu einem verlassenen Einkaufszentrum durch. Zombies durchstreifen die Flure wie sie es bereits im Leben getan haben, offenbar unfähig, Gewohnheit und Erinnerung zu entfliehen. Warum sonst kommen sie in Massen zur Shopping-Mall? Der Film selbst gibt uns die Antwort: Sie kehren an den Ort zurück, der ihnen im Leben am wichtigsten war. Selbst nach ihrem gewaltsamen Tod sind jene bedauernswerten Individuen nicht in der Lage, den Zwängen ihres fremdgesteuerten Lebens zu entkommen. Auch der Zombie muss konsumieren, insbesondere ein Produkt des Kapitalismus hat es ihm angetan: wir!

Unsere Untoten eignen sich ganz vorzüglich als Instrument einer Kapitalismuskritik. Bereits in *White Zombie* klang an, dass die Untoten als Marionetten die ultimativ ausgenutzten Arbeiter symbolisieren können. Der Zombie kann sich nicht wehren, er ist nicht in der Lage, gegen seine Situation aufzubegehren, Hilfe kann für ihn nur von außen kommen. Denn selbst wenn man daran glauben mag, die Bedauernswerten mit Hilfe von Salz zurückzuverwandeln, muss ihnen das erst einmal jemand zugänglich machen, es muss ihnen gebracht werden. Im heutigen Haiti ist es dagegen vielmehr die scheinbare *Nicht*-Integrierbarkeit in das System eines globalen Kapitalismus, wofür die Menschen dort eine Zombie-Metapher bemühen: Der Inselstaat ist arm, gilt gar als ärmstes Land der westlichen Hemisphäre, er befindet sich sozial und wirtschaftlich somit in einer andauernden Krisensituation. Und das seit Jahrzehnten. Die Angst der Bevölkerung vor Hunger und Obdachlosigkeit ist entsprechend hoch. In diesem Kontext dient der Zombie erneut als Motiv. Ohne Geld, ohne Arbeit, ohne irgendeine Form von Absicherung stehen die Menschen verloren da, ihnen fehlt ärztliche Versorgung, ja gar das Krankenhausbett zum Sterben (Hurbon 1988).

Der neue Zombie in seiner alten Heimat steht also für eine vollkommene Form der Hoffnungslosigkeit. Auch in Europa und den USA kann man ihn so lesen. Doch der Reihe nach… Am 3. Oktober 2011 spielte sich auf der Wall Street in New York das Unfassbare ab: Zombies! Eine Masse blasser, blutverschmierter Gestalten verstopft die wohl geschäftigste Straße der vielleicht geschäftigsten Metropole der westlichen Welt. Wie kommen sie dorthin? Der Filmpublizist und -kritiker Georg Seeßlen hat Romeros Filme einmal als »die zentrale Metapher der Trash-Kapitalismuskritik« (Seeßlen 2013) bezeichnet. Wenn jene Kultfilme am Beginn einer solchen Metaphorik stehen, dann hat diese momentan einen Höhepunkt erreicht. Überschriften unzähliger Zeitungen haben sich der Untoten bemächtigt und platzieren Zombie-Banken neben Zombie-Unternehmen und ganzen Zombie-Staaten. Der Steuerzahler steht vor der schwierigen Wahl (die ihm bekanntermaßen »glücklicherweise« abgenommen wird), diesen Wiedergängern den finalen Todesstoß zu versetzen oder sie ins Leben zurückzuholen. Untote als Erklärungsinstrumente kapitalistischer Funktionsweisen sind eigentlich nicht neu, schon im ersten Kapitel des *Kapitals* taucht der Vampir als Metapher auf (Vogl 2010). Im Zuge der Finanzkrise zu Beginn des 21. Jahrhunderts trat dann aber der Zombie ins Rampenlicht dieser Bühne. Zombie-Banken und solche Unternehmen sind nun Institutionen, die eigentlich pleite, nur durch Tricks auf dem Papier gedeckt sind. Banken etwa, die lediglich durch Unterstützung der jeweiligen Regierung am Leben oder besser: am Unleben gehalten werden. Die Eurokrise hat es darüber hinaus gar fertig gebracht, Schuld an der Zombifizierung ganzer Staaten zu sein: Zombie-Länder am Rand bedrohen das Zentrum Europas (Ehrmann 2014)! Um im Übrigen noch einmal kulturwissenschaftliche Theorien zum Monströsen zu bemühen: Das Monster lebt am (geographischen und kulturellen) Rand, von wo aus es eine zivilisierte Welt der Mitte, ein vermeintlich homogenes abendländisches Zentrum angreift. Doch der Zombie kommt auch über den Einzelnen, der Arbeitnehmer sei ein »Dead Man Working« (Cederström/Fleming 2013: 12), postulierte eine 2012 erstmals publizierte Studie. Jeder von uns wird »zum Unternehmer seiner selbst« (Ehrmann 2014: 29), wenn wir gezwungen werden, scheinbar unser ganzes Streben durch Coachings, durch Teachings, durch Trainings, durch Feedback-Gespräche oder was auch immer darauf zu richten, für unsere arbeitnehmerische Tätigkeit effizienter zu werden.

Zurück zum Tag der Apokalypse: Am 3. Oktober 2011 also wankten die Zombies durch die Wall Street. Und sie schlurften aus Protest. Aus Protest über die Macht der Banken, wie die Untoten die Zuschauer wissen ließen. An jenem Tag war das grundlegende Prinzip eigentlich schon ein alter Hut, sind die Zombie Walks doch bereits seit Anfang des Jahrtausends als Ausdruck von Protest bekannt. Ja, die Idee selbst ist noch weit älter: 1932, als PR-Gag zur Uraufführung von *White Zombie*, wurde der erste Zombie Walk veranstaltet. Die *New York Times* zumindest betrachtete im Nachgang des »Wall Street-Walks« die gesamte Occupy-Bewegung als »Zombie-Bewegung«. Eigentlich paradox, wenn man bedenkt, dass es ziemlich schwierig ist, unsere Untoten mit der Herausbildung eines kritischen Bewusstseins in Verbindung zu bringen … Wie dem auch sei, die Zombie Walks sind offenkundig en vogue, wenngleich sich wirklich durchaus berechtigt fragen lässt, ob ein solcher Walk ein passendes Medium politischen Protests innerhalb einer demokratischen Gesellschaft ist. Die Horde der Untoten erscheint als amorphe Masse, als Mob, geschaffen aus Gewalt und Blutdurst (denn die dargestellten Zombies sind eher der weiter unten zu beschreibenden Hollywood-Variante denn der haitianischen Form zuzuordnen). Magnus Klaue etwa schrieb, der Zombie repräsentiere eine nicht-reflektierte Form moralischer Empörung, eine beliebige Kritik, die allenfalls einer »Logik des Wahns« gehorche (Klaue 2012). Sarah Juliet Lauro, ihres Zeichens US-amerikanische Zombie-Forscherin, sieht das Phänomen ein wenig differenzierter. Ihrer Meinung nach ermöglicht das Zum-Zombie-Werden nämlich, sich selbst einer im Kapitalismus vorherrschenden Dichotomie von Subjekt und Objekt, welche die Menschen zur Ohnmacht verdamme, bewusst zu werden. Der Zombie Walk sei weiter eine neue Form von Organisation, er entstünde spontan und sei für alle Menschen abseits bestimmter politischer Programme offen – anders als etwa Parteien oder Gewerkschaften (Lauro 2011, Ehrmann 2014). Und ist es nicht letzten Endes jene Ohnmacht, die den Zombie auszeichnet? Die Fremdbestimmtheit durch eine höhere Macht, etwa die des Kapitalismus?

7. Menschenfresser und Infizierte

Vorerst wollen wir es dabei belassen, genug der verschiedenen Ausdrucksformen von Kapitalismuskritik. Wenden wir uns also erst einmal etwas anderem zu, nämlich der Tatsache, dass der Zombie offenkundig im Laufe der Zeit einen Wandel erfahren hat, der sich beispielsweise in seinem Verhalten, aber auch in der Art seiner Entstehung, bemerkbar macht. Waren es im Voodoo ja bekanntlich Formen von Magie, die eine Transformation vom Menschen zum Zombie ermöglichten, zeigen neuere Erscheinungsformen der Untoten ganz andere Wege auf, zu einem wandelnden Toten zu werden. Von ihnen gebissen zu werden ist heutzutage etwa eine ziemlich sichere Variante, sich der Horde anzuschließen. Sobald das geschehen ist, wankt man zwar als Untoter durch die Weltgeschichte, ist dafür aber auch kaum mehr aufzuhalten: Allenfalls ein Kopfschuss vermag die modernen Zombies zu stoppen – wenngleich findige Überlebende der Apokalypse durchaus auch andere, weit kreativere Möglichkeiten zum endgültigen Loswerden der Untoten entwickelt haben. *Zombieland*'s »Zombie-Kill der Woche« macht es vor! Und auch das Verhalten der Zombies hat sich verändert; so würde es den haitianischen Vertretern etwa nicht einfallen, den ganzen Tag auf der Suche nach Menschenfleisch herum zu schlurfen, während ihre Verwandten im Zombiefilm häufig kaum etwas anderes machen. Wir haben ja bereits gelernt, dass Kannibalismus in unserer Gesellschaft eine ziemlich tabuisierte Sache ist. Wann und warum also haben die Zombies damit angefangen?

Bevor dieser Frage nachgegangen werden kann, bleibt allerdings ein kleines Problem zu klären: Ist ein Zombie noch irgendwie menschlich? Denn das wäre die Grundvoraussetzung dafür, ihn als Kannibalen sehen zu können. Der Aspekt des Verzehrs der eigenen Artgenossen ist in diesem Kontext wesentlich. Natürlich kann dem Zombie unterstellt werden, sich einfach nur auf Nahrungssuche, auf die Suche nach Fleisch (egal welcher Herkunft) zu begeben. Und es gibt durchaus Inszenierungen, die eben genau das thematisieren; dort frisst der Zombie nicht nur Menschen, sondern ernährt sich auch von Tieren, eben von jeglichem lebendigen Fleisch. So beschwert sich Daryl in der ersten Staffel von *The Walking Dead*, dass ein Zombie durch seinen Biss den soeben mühsam verfolgten und angeschossenen Hirsch »versaut« habe. Nun schließt das Kannibalismus natürlich nicht aus – jeder Kannibale wird ja auch mal andere Dinge als Menschen essen.

Trotzdem bleibt die Frage nach der Menschlichkeit der Zombies. Gemeinhin zeichnet sich ein Mensch durch die Fähigkeit zu eigenständigem Denken aus. Weiterhin besitzt er eine Seele, um etwas spiritueller zu argumentieren. Beides ist für den Zombie per se nicht (wirklich) gegeben; zumindest das eigenständige Denken geht ihm ab, das Vorhandensein einer Seele könnte (etwa im Fall der Infizierten aus *28 Days Later*) diskutiert werden. In *Night of the Living Dead* bezeichnet Dr. Grimes die Zombies als »nichts als totes Fleisch«, für ihn sind sie keine Menschen mehr, man schuldet ihnen keinerlei Respekt, welcher sich etwa in einem angemessenen Begräbnis äußern könnte. In *Dawn of the Dead* finden wir ein solches Statement noch deutlicher, dort heißt es in einem Fernsehbeitrag, dass »diese Kreaturen [...] nichts Menschliches« an sich hätten.

Weiter dürfe man sich »nicht von der Vorstellung einlullen lassen, dass [...sie] unsere Familienangehörigen oder unsere Freunde seien«, denn eben das seien sie nicht. Genau hier liegt aber der wesentliche Punkt: Selbst wenn die Zombies nicht mehr menschlich sind, sie eben nicht mehr unsere Angehörigen oder Freunde sind, so waren sie es doch zumindest einmal. Und wir können eben nicht einfach damit beginnen, sie als Dinge wahrzunehmen. Das ist ein ganz zentraler Aspekt, mit dem der Zombiefilm spielt. Wenn beispielsweise in *Night of the Living Dead* das kleine Mädchen Karen Cooper nach ihrer Verwandlung in einen Zombie damit beginnt, den Arm ihres Vaters zu verspeisen und ihre Mutter mit einer Maurerkelle zu töten, dann erschüttert uns das. Und diese Erschütterung speist sich in ganz wesentlichem Maße daraus, dass wir Karen eben nicht als ein Ding wahrnehmen, sondern als kleines Mädchen mit tragischem Schicksal. Auf den Rezipienten kommt es an! Auch wenn ein Zombie vielleicht (auch das ist gar nicht so einfach) nicht als menschlich definiert werden kann, so zählt doch vielmehr die Art seiner Wahrnehmung von Seiten der Protagonisten und besonders der Zuschauer. Genau hier reiht sich auch die Vorstellung unserer Untoten als Kannibalen ein.[6]

Also zurück zum Menschenfressen. Los geht es – wie des Öfteren – bei Romero. In *Night of the Living Dead* haben unsere Untoten erstmals großen Appetit auf Menschenfleisch. Ganz so einfach ist der Weg des Zombies zum Kannibalen aber nicht. Grundsätzlich beruht eine Zuschreibung der Anthropophagie darauf, jemandem einen Tabubruch zuzuschreiben. Der Menschenfresser ist barbarisch, er steht außerhalb unseres Wertesystems, er ist

[6] Mehr zu genanntem Problem findet sich bei Larkin (2010).

all das, was wir nicht sind. Der Kannibale ist somit eine Manifestation des *Anderen.* Die Zuschreibung von Kannibalismus als Mittel der Ausgrenzung, als Strategie des Othering ist mit einer langen Tradition verbunden. Bereits das Mittelalter verortete Menschenfresser am Rand der Welt (was im Übrigens *keinesfalls* darauf hinweist, dass man sich damals die Welt als Scheibe vorstellte!). So berichtet bereits Marco Polo, dass auf den Inseln Sumatra und Java Menschenfresser zu finden seien. Analog dazu erwartet etwa Kolumbus, auf Kannibalen zu treffen, als er in der »Neuen Welt« anlandete – er dachte ja, er befände sich im Osten Asiens. So schrieb er, auf der Insel Hispaniola (wie passend) gäbe es die »Cariba« oder »Caniba«; Leute, die Menschen fressen würden.

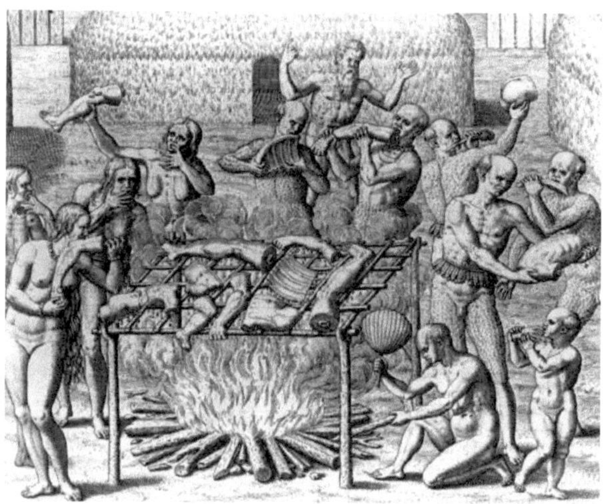

Abbildung 13: »Menschenfresser« in der Neuen Welt in einer Darstellung Theodor de Brys (*Americae Tertia Pars*)von 1592, CC-PD.

Bereits recht früh nutzte man den Kannibalismus, egal ob dieser nun lediglich unterstellt oder wirklich praktiziert wurde, zur Ausgrenzung. Bezichtigte man die Einwohner der westindischen Inseln als Menschenfresser, konnte man sie so weit von sich abgrenzen, dass sie gar nicht mehr unbedingt als menschlich angesehen werden mussten. Und von hier aus war es dann kein weiter Schritt mehr, festzustellen, dass Nicht-Menschen selbstverständlich nicht dem christlichen Missionsauftrag unterlagen. Und wer nicht missioniert werden musste, der wurde kein Christ. Und wer kein Christ war, der fiel auch nicht unter das christliche Sklavereiverbot. Schon waren billige Arbeitskräfte zu haben (Simek 2015).[7] Das Nutzen von Kannibalismus-Vorwürfen als Othering-Strategie hat also durchaus Tradition und kann darüber hinaus mit der Karibik, mit Hispaniola verbunden werden. Haiti als *Black Republic* rief schnell die Missgunst der Kolonialmächte auf den Plan. Überkommene Bilder von Kannibalismus und Barbarei verbanden sich mit obskuren Berichten vermeintlicher Voodoo-Rituale und dienten einer anti-haitianischen Propaganda. Das so geschaffene Bild beförderte die Abgrenzung einer westlichen Welt gegenüber dem barbarischen *Anderen*. Der Zombie wurde nun ebenso als Produkt jener barbarischen, jener haitianischen Welt gesehen.

Eine Verbindung von Zombie und Kannibalismus erscheint also von vornherein als gar nicht abwegig, wenngleich Romero diese wohl aus etwas anderen Intentionen heraus vollzogen hat. Mit *Night of the Living Dead* schuf der Regisseur einen wahren Meilenstein der Filmgeschichte, welcher den Horrorfilm als Genre nachhaltig veränder-

[7] Glücklicherweise begann bereits recht früh der Widerstand gegen diese perfide Form der Ausbeutung. So bezichtige etwa zu Beginn des 16. Jahrhunderts der spanische Dominikaner Antonio de Montesinos die Plantagenbesitzer, in Todsünde zu leben, weil sie mit ihrem Handeln gegen Gottes Gebote verstießen. Sie seien damit alle praktisch exkommuniziert.

te: »Während das klassische Horrorkino von der narrativen Wirksamkeit des Unheimlichen als wiederkehrendes Verdrängtes gekennzeichnet wurde, wird das mit Romeros Film einsetzende Terrorkino maßgeblich von der Fixierung auf Zeigen von verstümmelten, verwesten oder sonst wie beschädigten Körpern charakterisiert« (Schuck 2014: 73). Passend hierzu präsentiert uns der Film einen ekligen Zombie, eben verstümmelt und verwest. Noch dazu treibt der besagte Appetit auf Menschenfleisch die Untoten an. Damit nimmt Romero Narrative der Kannibalen-Filme auf und nutzt sie für seine Zombies. Der Verzehr von Menschenfleisch berührt etwas in uns, er ist ein Tabu, er ist ekelhaft, ein *Abjekt* am Rande unseres Bewusstseins. Kannibalismus unterstützt damit jenes Terrorkino, denn das Einverleiben der Menschen geschieht natürlich nicht »sauber«, Blut spritzt, das Innere des Körpers wird nach Außen gebracht, vor der Einverleibung erfolgt die Verstümmelung bzw. Zerstückelung.

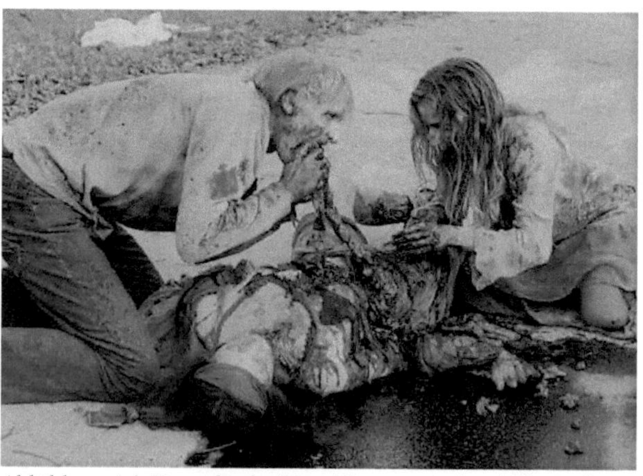

Abbildung 14: Der Akt des Verschlingens und… (*The Walking Dead*, USA seit 2010, Screenshot, © AMC)

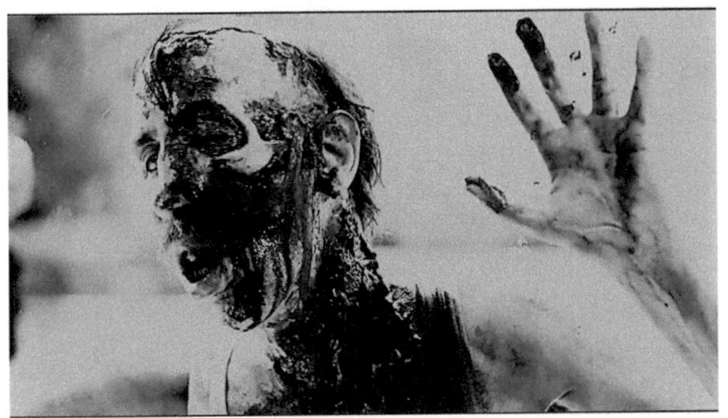

Abbildung 15: … der zombifizierte Körper in noch frischer … (*Dawn of the Dead,* USA 2004, Screenshot, © Strike Entertainment)

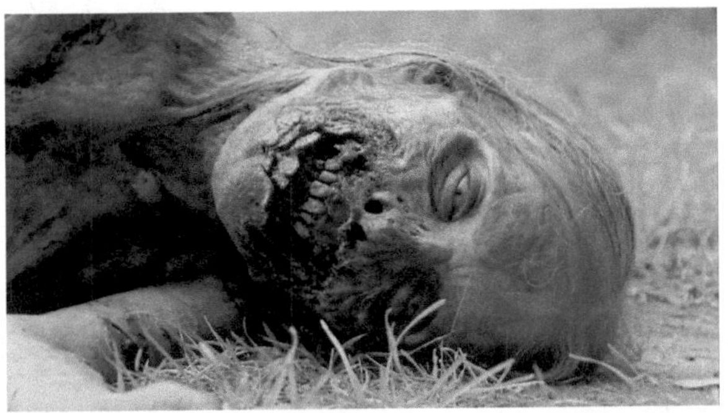

Abbildung 16: … und in verwester Form (*The Walking Dead,* USA seit 2010, Screenshot, © AMC).

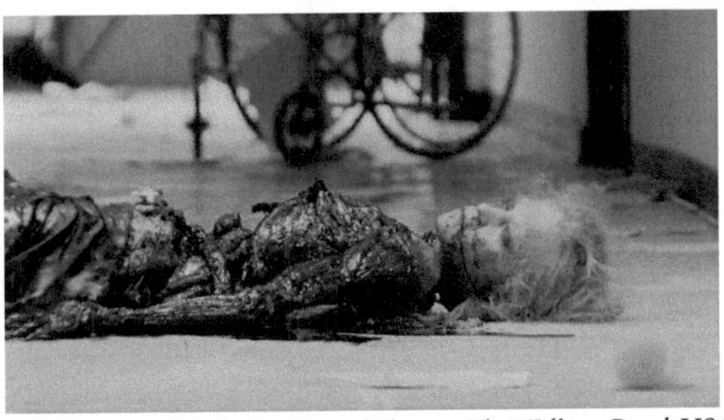

Abbildung 17: Nach der Einverleibung. *The Walking Dead,* USA seit 2010, Screenshot, © AMC.

Gleichzeitig lässt sich der Kannibalismus aber auch als Konsumkritik lesen. Der Zombie unterliegt so dem ständigen Zwang zu konsumieren, allein der nie zu stillende Hunger nach unserem Fleisch treibt ihn an – analog dazu mag uns der Kapitalismus zum Konsum seiner Produkte zwingen. Aber auch jenen oben thematisierten Aspekt der Ausgrenzung finden wir wieder, wenngleich in etwas anderer Form. Man stelle sich vor, ein geliebter Mensch wird zum Zombie. Dieser Freund, Partner oder Verwandte ist nun zu etwas *Anderem* mutiert, sein Äußeres kennzeichnet ihn genauso wie sein Handeln – das Fressen von Menschen.

Und trotzdem fasziniert uns der Kannibalismus. Am Rande unseres Bewusstseins lauert das Abjekte, um mit der bulgarischen Psychoanalytikerin Julia Kristeva zu sprechen. Dort nisten all jene Dinge, die beim Prozess der Selbst-Werdung nicht ins Ich integriert werden konnten. Zunächst fällt hierunter alles, was eine irgendwie geartete Aversion in uns auszulösen vermag, was uns ekelt. Das Abjekte hat aber nicht den Status eines Objekts inne, es ist vielmehr das Gefühl der heftigen Abneigung jenem gegenüber. Und es drängt nach draußen, es konfrontiert das Ich mit seinen Ängsten – Phobien sind etwa das Resultat einer solchen Konfrontation (Kristeva 1982). Der Film nimmt sich nun der Psychoanalyse an, wenn er durch die Zurschaustellung ekelhafter Dinge – z.B. Kannibalismus oder verwester Körper – dem Zuschauer jenes Abjekt vorführt, ihn an das Verdrängte am Rand seines Bewusstseins erinnert. Das Abjekte ist aber nicht allein abstoßend, es zieht uns an, irgendwie löst es ein latentes Begehren in uns aus, die kulturell vorgeschriebenen Grenzen zu überschreiten. Beim Prozess der Selbst-Werdung wird das Ich von den

Werten und Normen unserer Gesellschaft geprägt, wir lernen, dass bestimmte Dinge tabuisiert, dass verschiedene Verhaltensmuster nicht okay sind. Trotzdem faszinieren uns solche Dinge, wenn sie als unterschwellige Bedrohung, aber ebenso als latentes Begehren stets präsent sind. In Krisensituationen können die Verhaltensmuster hervorbrechen, wir überschreiten eine Grenze. Wenn wir das Abjekte einem *Anderen* zuschreiben, dann enthüllen wir damit gleichzeitig unsere Fähigkeit, selbst zu jenem *Anderen* zu werden, ja, es vielleicht tief ins uns gar zu wollen. Prominente Manifestationen solcher Prozesse sind Monster jedweder Art.

Der haitianische Zombie wird durch Magie in einen Zustand der absoluten Willenlosigkeit versetzt. Moderne Ausformungen des Motivs hingegen präsentieren dem geneigten Zuschauer vielfältige andere Möglichkeiten, zu einem wandelnden Toten zu werden. Passend zum Kannibalismus kann nun der Bedauernswerte, der vom Zombie gebissen wird, zu einem solchen werden. Es ist also nicht nur die Angst vor dem Gefressenwerden, welche die Überlebenden dazu bringt, so schnell wie möglich das Weite zu suchen, sobald sich die Untoten nähern, sondern ebenso die Furcht davor, sich der Horde anzuschließen. Der Verlust der eigenen Identität, die Angst, vom Subjekt zu einem Ding, dem unbestimmten Teil einer Masse, zu werden treibt die Menschen zur Flucht.

Die Verwandlung mag aber auch andere Gründe als Bisse haben – oder gar aus ungeklärten Ursachen von Statten gehen. In *The Walking Dead* etwa ist nicht klar, warum die Menschen zu Zombies werden. Fest steht allerdings, dass man nicht unbedingt von ihnen gebissen werden muss. Eine der wenigen Personen, die vielleicht etwas über die Hintergründe der Untoten wissen, bemerkt gar, dass in jedem Menschen ein Zombie stecke. Andere Filme, etwa *Zombieland*, fokussieren allein auf den Umgang mit der Apokalypse, nicht auf deren Entstehung: In jenem Werk etwa wird lediglich auf einen »kontaminierten Burger« verwiesen, der den ersten Zombie geschaffen habe. So wenig ernst dies gemeint sein mag, kann es dennoch als Hinweis auf eine weitere interessante Lesart des Zombie-Motivs gelten – nicht nur die Untoten selbst gehen mit der Zeit, auch die Gründe für die Verwandlung unterliegen kulturell geprägten Wandlungen. Letzten Endes ist die Ursache der Apokalypse zwar oft ein »MacGuffin«[8] und wird häufig nur in einem Nebensatz erwähnt. Abseits von narrativer Relevanz lassen sich aus jenen Nebensätzen dennoch Schlüsse ziehen. Liv Moore in *iZombie* (seit 2015) etwa wird durch den Kratzer eines Mannes, der auf einer Party eine mysteriöse Substanz konsumiert, zum Zombie, während die Protagonisten in *Night of the Living Dead* aus dem Fernsehen erfahren, dass atomare Strahlung, die durch die Venus-Raumsonde auf die Erde gelangt ist, die Menschen zu Untoten machen soll. Die Verwandlung geht mit der Zeit, in ihr spiegeln sich Probleme und Ängste einer Gesellschaft wider. In den 1960er Jahren ist es die Angst vor der atomaren Katastrophe, eine kritische Gegenstimme zu einem vielfach propagierten reaktorgetriebenen Fortschrittsoptimismus der Nachkriegszeit, die Romero in seinem Film verarbeitet, während *iZombie* aus dem Jahr 2015 dem Zuschauer einen machtgierigen Konzern prä-

[8] Ein auf Alfred Hitchcock zurückgehender Begriff, der etwas völlig Beliebiges meint. Innerhalb der Erzählung dient der MacGuffin dem Handlungsvorantrieb, ohne selbst von narrativer Relevanz zu sein.

sentiert, der skrupellos Substanzen für einen Energydrink entwickelt, die letzten Endes zur Verwandlung führen.

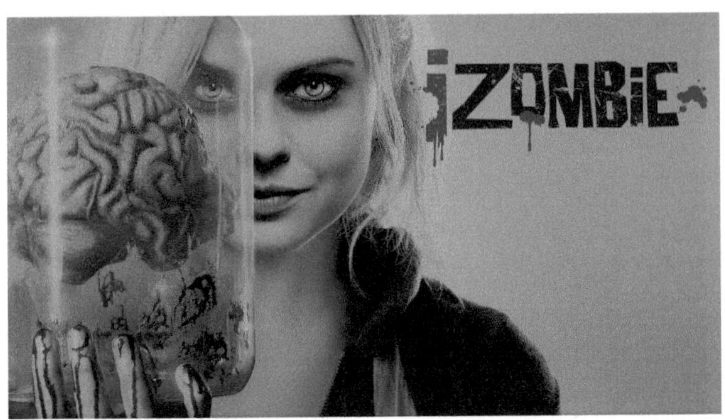

Abbildung 18: Zombie-Doktor Liv Moore in *iZombie*. USA seit 2015, Filmplakat, © The CW.

In Brian Keenes Roman *The Rising* (2003) ist die Ursache für die Verwandlung der defekte Teilchenbeschleungier: Während eines Experiments gelangen Dämonen aus einer anderen Dimension auf die Erde und nutzen Tote als Wirte – eine Übertragung der Furcht vor den Folgen unkontrollierten technischen Fortschrittdrangs auf die neuere Zeit. Eine weitere moderne Technik-Angst zeigt Stephen Kind in *Cells* (2006) auf, verwandeln hier doch Handystrahlen Menschen in Zombies.

Besondes populär ist in jüngerer Zeit der Aspekt der Krankheit, eines sich schnell ausbreitenden Virus, das in unglaublich kurzer Zeit einen Großteil der Weltbevölkerung zu Zombies macht; *28 Days Later* diene als einführendes Beispiel. Viren sind ominpräsent in unserer Kultur. Auch ohne Zombies hat das Motiv schier unzählige mediale Ausformungen erfahren; auf der Kinoleinwand etwa *Outbreak* (1995), in Serienform beispielsweise *ReGe-*

nesis (2004-2008), oder mit *Pandemic* (2008) auch als Brettspiel – die Aufzählung ließe sich beliebig fortsetzen. Populäre Beispiele mit Zombies sind neben den schon genannten sicherlich die *Resident Evil*-Filme (2002-2016). Diese Häufung einer Thematisierung von Virus-Erkrankungen kommt keineswegs aus dem Nichts, vieles spricht etwa dafür, einen Zusammenhang des Beginns ihrer Inszenierung mit dem Aufkommen von AIDS zu Beginn der 1980er Jahre zu sehen. Während AIDS allerdings in den letzten Jahren zunehmend aus medialen Diskursen verschwindet, ist ein Rückgang von Virus-Filmen und -Serien nicht abzusehen, das Virale ist hochpräsent (Nohr 2011). Auch hierin spiegeln sich kollektive Ängste der Gesellschaft; sei es nun Ebola oder Creutzfeld-Jakob, immer wieder hören wir von neuen Viren, welche die stetig an- und damit enger zusammenwachsende Menschheit bedrohen. Das Virus ist ein unsichtbarer Feind, es tritt uns nicht offen gegenüber, sondern liegt vielmehr im Hinterhalt. Und gerade in dieser Unsichtbarkeit liegt der Schrecken des Viralen. Jeder kann zu seinem Wirt werden, die Krankheit macht keinen Unterschied zwischen Mann und Frau, Jungen und Alten, Gewinnern und Verlierern des Kapitalismus. Wir mögen auch Impfstoffe und Maßnahmen der Eindämmung entwickeln, die Furcht bleibt bestehen, denn das nächste Virus kommt bestimmt. Der Zombie entwickelt sich so zur Metapher für das Virale, er zeigt auf, was wir fürchten: einerseits den Untergang der Gesellschaft bedingt durch ein nicht mehr einzudämmendes Virus, andererseits die große Gleichwerdung im Angesicht der Krankheit – jeder kann zum Zombie werden, und wenn es soweit ist, dann ist jede Individualität ohnehin verloren. Das Apokalyptische findet sich besonders drastisch beschrieben in Max Brooks' Buch *World War Z: An Oral History of the Zombie War* (2006). Das Ausmaß der Katastrophe und die daraus entstehenden Folgen werden eindringlich geschildert, das menschliche Element steht klar im Fokus der Handlung und geht der Frage »Was wäre, wenn …?« konsequent bis zum Ende nach. So gesehen erscheint das Werk als logischer Nachfolger von Brooks' erstem Zombie-Buch, denn in *The Zombie Survival Guide* (2003) gibt der Autor wertvolle Überlebenstipps im Angesicht der Zombie-Apokalypse.

Der Aspekt des Überranntwerdens offenbart zuletzt noch eine weitere Lesart, eine andere Form, die von bösen Zungen ebenfalls als »Virus« bezeichnet worden ist. Wenn die Zombie-Horden kommen, dann symbolisieren sie die Angst, von einer gesichtslosen Masse überrannt zu werden – Parallelen zum Flüchtlingsdiskurs drängen sich geradezu auf. In dramatische Bilder kleidet sich diese Angst vor unkontrollierter, massenhafter Zuwanderung etwa in *World War Z* (2013), wenn eine gigantische Horde Zombies eine Mauer überwindet, die zum Schutz der Stadt Jerusalem errichtet wurde. Interessant wäre in diesem Zusammenhang übrigens die Tatsache, dass jener Film *vor* dem Beginn der aktuellen Flüchtlingskrise entstand – wir verbinden hiermit das Jahr 2015.

8. Die Menschheit schlägt zurück!

Es ist so eine Sache mit Filmen und Büchern. Sie verdammen uns zum Zuschauen. Wir können nichts tun, wenn unsere vielleicht lieb gewonnenen Protagonisten einfach so von Zombies verspeist werden, das ist doch nicht fair! Glücklicherweise eröffnen uns (analoge und digitale) Spiele die Möglichkeit, rettend einzugreifen. Bereits relativ früh in der noch verhältnismäßig kurzen Geschichte der Videospiele begannen die Zombies, dieses Medium zu infizieren. So erschien mit *Zombie Zombie* (1984) ein früher Genrevertreter, in dem sich alles darum dreht, mit einem Hubschrauber umherzufliegen und den Untoten in einer postapokalyptischen Welt Fallen zu stellen. Einige Jahre später schuf Lucas Arts einen der ersten Zombie-Shooter, das sich selbst nicht ganz ernst nehmende *Zombies Ate My Neighbors* (1993). Mit dem Eintreten der Untoten in das Shooter-Genre war der Weg für eine ganze Reihe von Spieladaptionen bereitet, deren Höhepunkt für Viele sicherlich die *Left 4 Dead*-Spiele (2008 und 2009) bilden. Einige Jahre zuvor kam aber der erste Teil jener Reihe auf den Markt, die wohl die bis dato bekanntesten Vertreter der Zombie-Games hervorgebracht hat: *Resident Evil* (1996). Auf den heimischen Küchen- oder Wohnzimmertisch brachten die Zombies dann Brettspiele wie *Zombicide* (2012) oder *Zombies!!!* (2001).

Wie gesagt, Spiele ermöglichen es uns, einen aktiven Part einzunehmen, wir können handeln, in irgendeiner Form mit den Zombies interagieren. Entgegen anderer medialer Ausformungen des Motivs lassen sich hier also neben narrativen Elementen auch die Spielmechaniken untersuchen (Weise 2011). *Dying Light* (2015) etwa macht den Wechsel von Tag und Nacht zu einem zentralen Element des Gameplays.

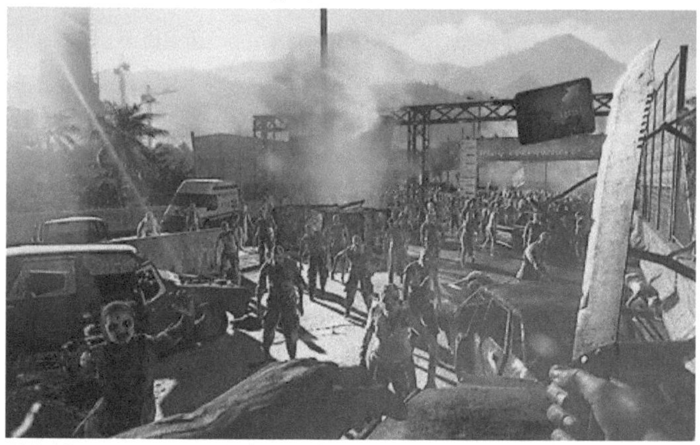

Abbildung 19: *Dying Light*, Spielszene. Techland Studios 2015. Bild: Lars Schmeink.

Während die Zombies dort tagsüber langsam (und leicht zu töten) umherschlurfen, entwickeln sie sich bei Nacht zu wahren Jägern der Finsternis, gleich den Infizierten aus *28 Days Later* rennen sie auf der Suche nach den Lebenden durch die Dunkelheit, sie sind kaum mehr zu stoppen. Das Spiel konfrontiert uns also mit zwei Arten von Untoten und macht es so schwierig, den Umgang mit ihnen richtig einzuschätzen (Schmeink 2015). Die Apokalypse ist eben nicht vorhersehbar! Interessant ist bei *Dying Light* im Übrigen die Wahl des Schauplatzes: Harran, eine Stadt in der Türkei nahe der syrischen Grenze. Auch hier spiegelt der Zombie weltpolitische Entwicklungen wider, welche die Menschen beunruhigen. So könnte es in unserer Vorstellung durchaus diese Region sein, in der die Katastrophe ihren Lauf nimmt, welche letzten Endes gar den Untergang unserer Gesellschaft herbeiführen mag.

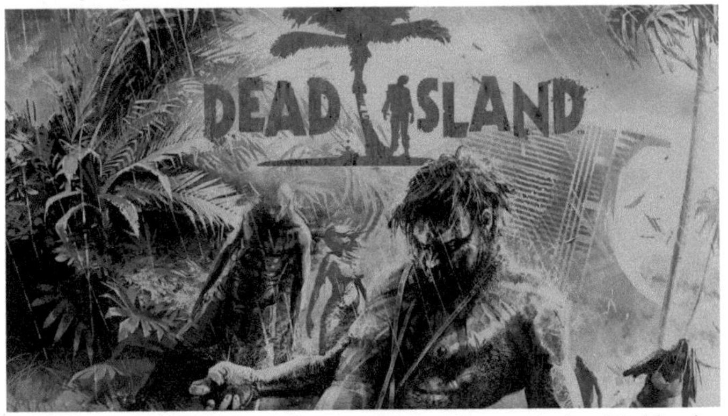

Abbildung 20: *Dead Island*, die Untoten im Tropenparadies. Techland Studios 2011, Werbeplakat, © Deep Silver.

Ganz wörtlich nehmen das Zurückschlagen dann Spiele wie *Dead Island* (2011).Ein tropisches Inselparadies wird dort von Zombies überrannt, einige wenige Überlebende bahnen sich auf der Suche nach einem Mittel gegen das Virus einen Weg durch Horden von Untoten, die sie mittels allerlei Waffen spektakulär endgültig ins Jenseits befördern. An dieser Stelle dient der Zombie als stumpfer Gegner, als Kanonenfutter. Seine Zeichenhaftigkeit schrumpft hier – keine Regel ohne Ausnahmen – auf ein Minimum zusammen. Der Zombie eignet sich, so zumindest die Theorie verschiedener Fans, nun besonders dafür in Videospielen massenweise zerstückelt zu werden, weil er als triebgesteuertes Wesen keine ausgefeilte KI benötigt; es sei somit schlicht wenig Aufwand für die Programmierer, Horden von Gegnern auf die Spieler loszulassen. Ob man dieser Erklärung nun Glauben schenken mag oder nicht, fest steht jedenfalls, dass sich die Zombie-Shooter nach wie vor großer Popularität zu erfreuen scheinen.

9. Trash, Parodie, Nazis!

Wir haben bisher gehört, auf welch vielfältige Weise unsere Untoten auf gesellschaftliche Missstände, auf Krisen und Katastrophen zu verweisen vermögen. Gerade die jüngste Vergangenheit hat allerdings ebenso Inszenierungen des Zombies hervorgebracht, die *komisch* sind. Weder Viruskrankheiten noch sonstige Katastrophenszenarien sind nun aber zum Lachen, vom Gefressenwerden bei lebendigem Leib ganz zu schweigen…

Grundsätzlich eignet sich wohl erst einmal all das, was etabliert ist, dazu, parodiert zu werden. Durch sein massenhaftes Auftreten in den unterschiedlichsten medialen Kontexten ist der Zombie vielerorts zum Klischee geworden. In der Unbeholfenheit seiner Bewegungen, die er des Öfteren an den Tag legt, lädt er allerdings auch geradezu dazu ein, parodistisch verzerrt zu werden.[9] Am Beginn einer solchen Ausformung des Untoten steht vielleicht das Musikvideo zu Michael Jacksons *Thriller* aus dem Jahr 1983, in welchem sich der Popstar selbst in einen Zombie verwandelt. Nach dem schwarzhumorigen *Return of the Living Dead* (1985) ist es wohl vor allem Peter Jacksons *Braindead* (1992), der den Trash-Zombie für Filmfreunde adelt. Die Bisse eines obskuren Rattenaffen verwandeln die Bewohner einer Vorstadtsiedlung nach und nach in rasende Untote, deren Ausbreitung schließlich nur durch beherzten Einsatz eines Rasenmähers gestoppt werden kann – ein wahrer Meilenstein in der Geschichte des Horrorfilms. Mit Schwung in die Welt der kommerziell erfolgrei-

[9] Teile der nachfolgenden Absätze sind unter selber Autorenschaft erschienen in: *phantastisch!* 65 (2017) sowie in *phantastisch!* 66 (2017).

chen Komödien katapultiert wurde der Zombie 2009 schließlich durch *Zombieland*, der über 100 Millionen Dollar einspielte und damit Zack Snyders Neuverfilmung von *Dawn of the Dead* (2004) als bis dato erfolgreichsten Zombiefilm ablöste. In jüngerer Zeit schließlich sind es die Klassiker des Genres, die den Protagonisten des heutigen Tages dabei helfen, mit den Untoten fertig zu werden. So dient Romeros Meisterwerk der Ärztin Liv Moore, die sich in *iZombie* durch den Kratzer eines mit der Modedroge »Utopium« Infizierten in einen Wiedergänger verwandelt, zur Recherche hinsichtlich des Umgangs mit ihrem neuen Selbst.

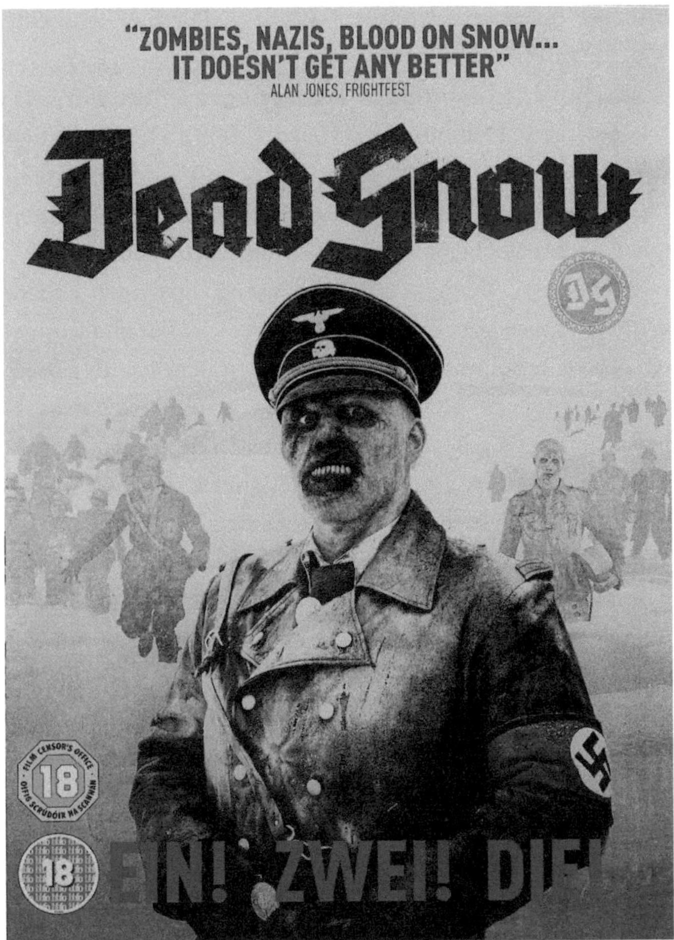

Abbildung 21: Oberst Herzog bewacht sein Gold. *Dead Snow*, Norwegen 2009, Filmplakat, © Euforia Film.

Werfen wir nun einen Blick auf ein anderes beliebtes Motiv des Trashfilms, den Nazi-Schergen. Und schauen wir nun noch einmal genauer hin, mag uns auffallen, wie die stupiden Nazi-Fußtruppen so stumpf und gleichgeschaltet umherschlurfen – damit erinnern sie in einigen

Punkten an unsere Untoten. Was läge da näher, als beide Motive zu verschmelzen?

Exemplarisch vorführen lässt sich das an der norwegischen Horror-Komödie *Dead Snow* (2009). Die Handlung des Streifens ist schnell zusammengefasst und entspricht jener gängiger Genre-Vertreter. Eine Gruppe Studenten fährt übers Wochenende in eine abgelegene Hütte in den norwegischen Bergen, um ein wenig Spaß zu haben. Dummerweise sitzt gleich um die Ecke ein Bataillon untoter Nazis im Schnee und bewacht einen deutlich an *Pirates of the Caribbean* (2003) erinnernden Goldschatz. Natürlich kommt es wie es kommen muss: Die Nazi-Zombies veranstalten ein wahres Schlachtfest unter den Studenten, für das Regisseur Tommy Wirkola wohl den einen oder anderen Eimer Kunstblut in die Berge getragen hat. Wenn Zombie-Oberst Herzog und seine Schergen so unter den jungen Männern und Frauen wüten, zitiert *Dead Snow* nicht nur einen Klassiker des Thrash-Horrors. So trägt der nerdige Filmgeek stilecht ein *Braindead*-Shirt. Dass man das Frühwerk von Peter Jackson auch gesehen hat, beweist man einige Zeit später, wenn die berühmt-berüchtigte Rasenmäher-Szene nachgestellt wird – in Ermangelung des Rasens allerdings mit beherzter Hilfe eines Schneemobils. Augenzwinkernd politisch wird es dann, wenn sich einer der Studenten mit gekreuztem Hammer und Sichel den anstürmenden Untoten entgegen wirft.

Neben Nazis und Rattenaffen schafft aber auch die Apokalypse Raum für parodistische Auseinandersetzungen mit dem Zombie. Denn wenn der Großteil der Menschheit tot oder untot ist, dann bleibt eine ganze Menge Platz für die Überlebenden. *Zombieland* kam hier ja schon einige Male zur Sprache, aber auch andere Werke bedienen sich dieser Möglichkeiten. So zeigt uns etwa *Last of the Living* (2008) das Leben der drei Freunde Ash, Morgan und Johnny, die als einige Wenige das Zombie-Virus überlebt haben. Was erst einmal tragisch klingt, scheint für die Truppe kein großes Problem zu sein: sie haben sich sogar ziemlich gut mit der Apokalypse arrangiert. So zieht man von Villa zu Villa, veranstaltet Trinkgelage oder exzessive Drumsessions, bei denen sich keine Nachbarn über die Lautstärke beschweren. Wenn der Magen knurrt, besucht man eben kurzerhand die Konserven-Abteilung des nächstgelegenen Supermarkts, eventuell auf dem Weg auftauchende Zombies werden schnell endgültig ins Jenseits befördert. Ganz ähnlich wieder *Zombieland:* Tallahassee will »Twinkies«?

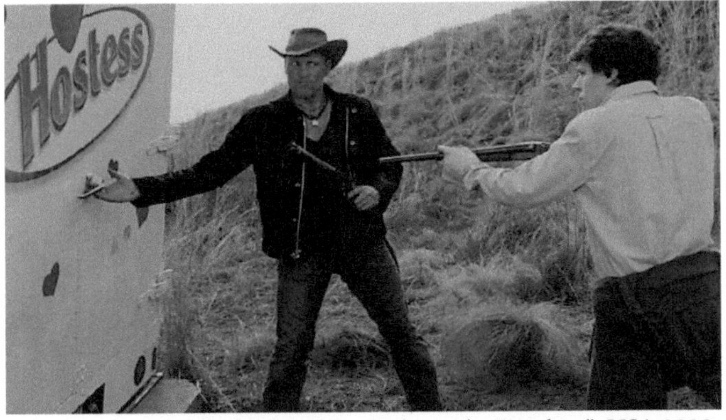

Abbildung 22: *Zombieland*: Auf der Suche nach „Twinkies", USA 2009, Screenshot © Columbia Pictures.

Er besorgt sich welche. Die Gruppe will das Haus eines berühmten Schauspielers von innen sehen? Auf geht's zu Bill Murray! Mit den Zombies kommt die Auflösung der gesetzlichen Ordnung, kulturelle Werte und Normen besitzen im Angesicht der Apokalypse keine Gültigkeit mehr.

Die Überlebenden können sich nehmen, was sie wollen – wer sollte sie auch daran hindern? Und selbst, wenn noch jemand moralische Zweifel hegt: Wenn man schon den Untergang der Zivilisation überlebt, hat man dann nicht zumindest das Recht auf ein bisschen Spaß? Die Zombie-Apokalypse hat hier also auch ihre guten Seiten. Besonders für Columbus, dem die neue Welt die Chance gibt, bei dem schönen Mädchen zu landen, das ihn in einer wie gewohnt funktionierenden Gesellschaftsordnung wohl nicht einmal bemerkt hätte.

Im Übrigen muss eine parodistische Verzerrung des Zombies nicht unbedingt bedeuten, dass er seiner politischen Lesarten beraubt wird, wie sich an *Shaun of the Dead* vorführen lässt. Der Protagonist – zugegebenermaßen durchaus in seiner eigenen Welt gefangen – bemerkt auf dem Weg zur Arbeit zunächst nicht, dass die Apokalypse hereingebrochen ist, denn die umherwankenden Untoten unterscheiden sich auf den ersten Blick nicht vom Bild des apathischen, ins Leere starrenden (post)modernen Großstädters (Stiglegger 2010).

10. Untote Gesellschaftskonstruktionen

Die humoristisch verzerrte Darstellung der Zombie-Apokalypse als neue Gesellschaftsform der unbegrenzten Möglichkeiten weist aber auch auf eine Frage, die in durchaus ernstzunehmender Frage von verschiedenen Filmen gestellt wird: Was kommt nach der Katastrophe? Wie gehen wir mit den Zombies um? Überwinden wir sie, überwinden sie uns oder ist vielleicht gar eine mehr oder minder friedliche Koexistenz möglich? In *Fido* (2006) etwa sind die Untoten vollkommen in die Gesellschaft integriert: Sie dienen als willenlose Arbeitssklaven in Privathaushalten, ihr kannibalischer Hunger wird durch Halsbänder unterdrückt, die Elektroschocks aussenden. Wir können hier also in Teilen eine Rückkehr zum haitianischen Motiv der vollkommenen Unterwerfung, des Daseins als Marionette beobachten. Der hierfür unpassende Kannibalismus wird durch technische Errungenschaften ausgeschaltet. Während in *Fido* die Zombies also als produktive Arbeitskräfte in Szene gesetzt werden, die geeignet sind, die Volkswirtschaft zu stärken (schließlich haben Untote keine Arbeitnehmerrechte), zeichnet *Les Revenants*[10] (2004) ein anderes Bild.

---

[10] Der französische Film des Regisseurs Robin Campillo, nicht zu verwechseln mit der im französischen Original gleichnamigen Serie *Les Revenants* von 2012. Auf den internationalen Markt kam der 2004er Film unter dem Namen *They Came Back*, die 2012er Serie dagegen als *The Returned*. Leider nicht weniger kompliziert wird die Namensgebung dadurch, dass *They Came Back* in England als *The Returned* veröffentlicht wurde, Film und Serie hier also gleich heißen.

In der französischen Produktion kehren in einer Kleinstadt plötzlich die kürzlich Verstorbenen zurück – diejenigen, die noch nicht vergessen sind. Der Schrecken liegt hier nicht in der Wiederkehr der Menschen als kannibalische Monster mit nicht zu stillendem Appetit, sondern vielmehr in der unheimlichen Ähnlichkeit zu den Überlebenden, zu uns. In *Les Revenants* sind die Zombies kein monsterisiertes *Anderes* mehr, sie sind das *Eigene*, das ausgegrenzt wird (Zechner 2011). Die Untoten unterscheiden sich in ihrem Verhalten nur minimal von uns, es scheint gar, als kehrten die Totgeglaubten zurück, um einfach so ihr Leben weiter zu leben. Doch dann sind da plötzlich Dinge, die irgendwie seltsam sind. Den Zombies fehlen Emotionen, sie sind kalt und distanziert, sie sind langsam und unkonzentriert. Besonders interessant macht den Film aber sein Umgang mit der Integration der Zombies in die Gesellschaft. Die Toten sind zurückgekehrt, sie streben zurück zu den Orten, an denen sie gelebt haben. Nur, was macht man mit ihnen? *Les Revenants* erzählt die Geschichte einer Antwort auf diese Frage, wenn immer wieder Krisensitzungen im Büro des Bürgermeisters gezeigt werden, wo Vorschläge zur Integration der Untoten gemacht und wieder verworfen werden. Zunächst will man die Untoten in Lagern zusammenfassen, um sie unter Kontrolle halten zu können. Als jedoch offenbar wird, dass sie alle ihren Heimatorten zustreben, wird eine Infrarot-Überwachung durch Messung der verminderten Körpertemperatur der Untoten eingeführt. Doch hiermit ist es nicht getan, denn eine Wiedereingliederung in die menschliche Gesellschaft ist nicht allein durch Überwachung gegeben – die Zombies müssen irgendwie beschäftigt werden. In ihre alten Jobs können die Untoten nicht zurück, neigen sie doch zur Unkonzentriertheit und zur Langsamkeit. Es müssten also neue Aufgaben gefunden werden. Ein-Euro-Jobs für Untote müssen her! Und wenn die Zombies arbeiten, haben sie dann nicht eigentlich Anspruch auf eine Pension? Aber wann geht jemand in Rente, der bereits tot ist? Und auch eine durchgehende Betreuung der Zombies ist schwierig, denn sie schlafen nicht.

Paradoxerweise ist es so gerade das Friedfertige, das den Umgang mit den Untoten schwierig macht. Sie sind in *Les Revenants* eben nicht unsere Feinde, wir müssen sie nicht bekämpfen, wir müssen den Umgang mit ihnen lernen. Menschen, die wir liebten und vielleicht besser kannten als uns selbst, kommen zurück und sind uns auf einmal völlig fremd. Vielleicht wäre es erträglicher für den alten Mann, dessen Ehefrau, mit der er lange Jahrzehnte verheiratet war, käme als blutgierige Bestie zurück. Denn nun sitzt sie nur da und lächelt, wie sie es immer getan hat. Sie sieht aus wie seine geliebte Frau, aber doch erträgt er den Umgang mit ihr nicht. Denn sie tut: *nichts*! Alle Zurückgekehrten zeichnen sich im Prinzip dadurch aus, dass sie sich durch nichts auszeichnen. Die Zombies streben nach nichts, sie zeigen keine Emotionen. Das Zombie-Kind weint nicht und schreit nicht, es begehrt nicht (mehr) gegen die Eltern auf, was Mutter und Vater schier in den Wahnsinn treibt. Die Überlebenden werden immer misstrauischer, irgendetwas müssen die Zombies doch wollen, irgendetwas muss ihr Ziel sein! Wird den Untoten zu Beginn des Films von der demokratischen Gesellschaft zuerkannt, Rechte zu haben, spricht man ihnen schließlich das Bewusstsein ab. Ihre Kommunikation sei nicht mehr als eine Nachahmung ihres Handelns als Lebende, spontanes Verhalten sei ihnen unmöglich (Zechner 2011). Filme wie

Les Revenants werfen neben der Frage nach der Integration der Zombies in die Gesellschaft eine weitere, vielleicht noch beunruhigendere auf: Sind die Zombies die »Guten«? Böse sind sie in diesem Film sicher nicht, sie tun ja schlicht gar nichts. Sind die Menschen dann vielleicht böse? Letzten Endes legitimiert die über-bürokratisierte Gesellschaft den Massenmord an den Zombies. Sind wir in unserer Unfähigkeit im Umgang mit den Untoten die eigentlichen »Bösen« des Films?

In *Day of the Dead* (1985), einer weiteren Produktion Romeros, ist der Ausnahmezustand längst zum Alltäglichen geworden, die Zombies sind über die Menschen gekommen und überall präsent. Einige Überlebende haben sich in einem Bunker verschanzt, dessen einziger Zugang zur Außenwelt in einem umzäunten Hubschrauberlandepatz besteht. Von dort aus starten regelmäßig Missionen, um vielleicht andere Überlebende zu finden – vergeblich. Innerhalb des Bunkers werden Experimente durchgeführt, hat man doch offenbar erkannt, dass allein das zahlenmäßige Verhältnis von Lebenden zu Untoten das Auslöschen der Zombies unmöglich macht. Der Wissenschaftler Dr. Logan will die wandelnden Toten deshalb resozialisieren und führt eine entsprechende Versuchsreihe an dem Zombie Bub durch. Und wirklich: Bub scheint allmählich zu lernen, die Triebe zu unterdrücken, er vermag sich gar an Bruchstücke seines alten Lebens zu erinnern, wenn er etwa versucht, einen Rasierer zu bedienen, um seinen (nicht mehr wachsenden) Bart zu stutzen. Die kleine Welt innerhalb des Bunkers ist geprägt von Misstrauen, den Wissenschaftlern steht eine Gruppe von Militärs gegenüber. Deren Anführer, Captain Rhodes, will so schnell wie möglich Ergebnisse sehen, Logan dagegen verlangt mehr Zeit, während der Hubschrauberpilot John am liebsten alles hinter sich lassen und auf eine abgelegene Insel fliehen würde. Die Situation eskaliert, als Rhodes herausfindet, dass Logan zum Füttern der Zombies das Fleisch toter Soldaten, gefallener Kameraden, verwendet. Er erschießt den Forscher, um anschließend selbst von Bub getötet zu werden, der Logan beschützen wollte. Ein weiterer Überlebender wird gebissen, was die Situation noch weiter verschärft. Schließlich wirft Rhodes als Machtdemonstration zwei Menschen den Zombies zum Fraß vor. Romeros Werk zeichnet sich so zutiefst kulturpessimistisch, die Menschen agieren misstrauisch und brutal, der Mini-Kosmos im Bunker führt letzten Endes selbst seinen Untergang herbei. Wir können hier nicht mit den Untoten umgehen, aber nicht sie überwinden uns, sondern wir uns selbst.

Romeros jüngste Zombie-Produktion, *Land of the Dead* (2005), zeigt uns schlussendlich wahrlich sympathische Zombies; es fällt dem Rezipienten leicht, sich mit den wandelnden Toten zu identifizieren. Die Untoten haben hier vor drei Jahren die menschliche Gesellschaft überrannt, die Überlebenden haben sich in einer hochgesicherten Stadt ein neues Heim geschaffen. Es herrscht eine strikte Zwei-Klassen-Gesellschaft vor, die Reichen leben im prunkvollen Hochhaus »Fiddler's Green«, während ringsum die Armen ihr Dasein in Slums fristen müssen. Regelmäßig entsenden die Menschen Trupps, um die umliegenden Ruinen auf der Suche nach Nahrung zu durchkämmen. Hierbei werden die angetroffenen Zombies durch das Abfeuern von Feuerwerksraketen abgelenkt, um sie anschließend massenhaft zu erschießen. Die Zombies mögen hier eine unterdrückte (Arbeiter-)klasse symbolisieren oder auch nicht. So oder so, sie wirken auf jeden Fall sympathisch, was im Übrigen dadurch verstärkt wird, dass man sie kaum noch beim Akt des Kannibalismus sieht. Die Zombie-Gemeinschaft besitzt in Gestalt eines Tankwarts (im Drehbuch heißt er »Big Daddy«) gar einen Anführer, der sie vor den Angriffen der Menschen schützen will und so zum Initiator einer Revolte der Untoten wird.

11. Und jetzt?

Was ist es also, das den Zombie ausmacht? Warum sind die wandelnden Toten so interessant für uns? Besonders attraktiv für Filmemacher, Buchautoren oder auch Künstler sind die Untoten sicher durch ihre Lesbarkeit – man kann eben eine ganze Menge in sie hineininterpretieren. In seiner Zeichenhaftigkeit verweist der Zombie stets auf etwas, das haben wir gesehen. Aber was macht ihn als Figur aus? Haben wir beispielsweise Angst vor ihm? Letzten Endes ist es wohl eher das, was er repräsentiert, das geeignet ist, uns Angst zu machen. Der Zombie steht etwa für den Kontrollverlust, für Fremdbestimmtheit. Die Untoten werden beherrscht durch etwas Unwiderstehliches, sei es ein Voodoo-Magier, sei es ein Virus oder seien es die Strahlen unserer Smartphones. Er steht aber auch für den Verlust des eigenen Ichs. Der Zombie ist leere Hülle, beherrscht durch das Triebhafte. Er denkt nicht eigenständig, er fühlt nicht.

Der Zombie ist weder richtig tot noch ist er richtig lebendig. Wir haben gesehen, dass er nicht unbedingt untot sein muss, wenn man den Zustand des Untodes so versteht, dass der so Bezeichnete gestorben sein muss, um dann in seiner Totenruhe gestört zu werden. So gesehen muss der Zombie nicht untot sein, und in vielen Aspekten seiner Lesbarkeit ist das auch nicht wesentlich. Allerdings kann es auch gerade die Zurschaustellung des Todes, des verwesten Körpers sein, die den Zombie in unserer Gesellschaft so populär macht. In einer Zeit, in welcher der Tod in weiten Teilen tabuisiert ist, erhält er in Form des Zombies körperliche Form. Die moderne Gesellschaft fürchtet den Tod, will ihn längstmöglich aufschieben – das reicht vom Gesundheitswahn bis hin zur Kaschierung altersbedingter körperlicher Veränderung. Der Tod wird totgeschwiegen, so könnte man vielleicht sagen. So gesehen konfrontiert uns der zombifizierte Körper mit unserer Angst. Der Zombie stellt den verfallenen, den verwesten, den ekligen Körper zur Schau, er ästhetisiert das Hässliche (Hercenberger 2017). Die Symbolisierung des Todes ist allerdings auch wieder kulturgebunden, so gedenkt man etwa in Mexiko der Toten durchaus öffentlich, in Form des Día de los Muertos, des Tags der Toten.

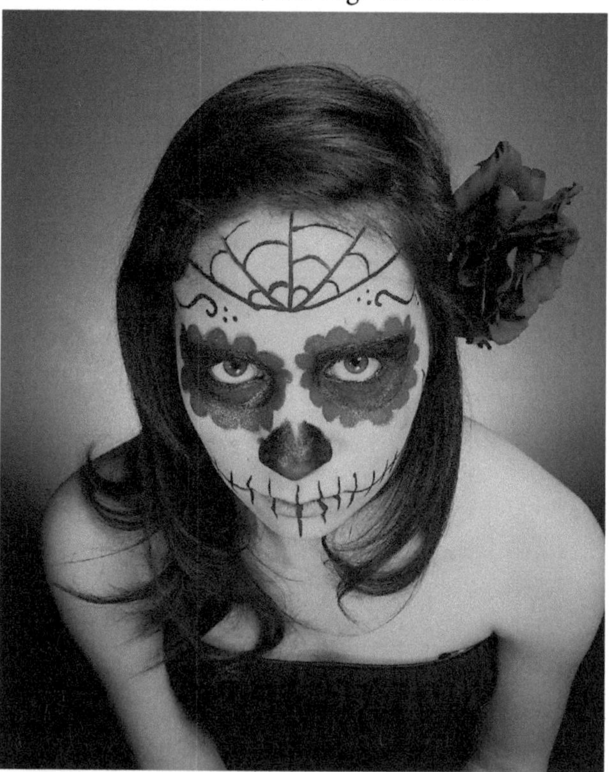

Abbildung 23: Der Verstorbenen gedenken: Tag der Toten. Foto: Cody Garcia, CC BY 2.0.

Wie sieht nun die Zukunft unserer Untoten aus? Die wandelnden Toten haben sich eine gewisse Omnipräsenz in der Popkultur erkämpft, haben in unzähligen Variationen die verschiedensten Medien infiziert. Ist der Markt vielleicht bald übersättigt, wie es so schön heißt? Nein. Die Untoten sind teils zum Klischee geworden, wie Filme wie *Zombieland* oder *Dead Snow* zeigen. Trotzdem gibt das Motiv noch ernsthafte Inszenierungen her, etwa in *The Walking Dead.* Und auf dieser ernsthaften Ebene öffnen sich für die wandelnden Toten Bereiche, in die sie bislang noch nicht vorgedrungen sind. Ein Trend hin zu einer untoten Gegengesellschaft, hin zu utopischen Zombie-(Un)Lebensentwürfen, das wäre doch etwas. Ganz grundsätzlich sei nochmals an Cohen erinnert. Das Monster kehrt immer zurück! Der Zombie ist vor allem ein Zeichen, ein Vehikel der Kritik an gesellschaftlichen Missständen, eine Möglichkeit, auf Dinge hinzuweisen. Und deshalb wird auch er wiederkehren. Wir dürfen gespannt (und beunruhigt!) sein, was er uns dann mitzuteilen hat.

Jenseits des Zeichenhaften macht der Zombie aber ebenso einfach Spaß, kann er doch durch seine popkulturelle Omnipräsenz auch als Klischee verstanden werden. Vielleicht (und nur vielleicht) ist eben jene Ausdrucksform der reinste Zombie. Sinnentleert, auf seine Triebe reduziert schlurft er umher. Er will nichts aussagen, dafür ist er zu hungrig. Er will nur eines: Fleisch. All flesh must be eaten!

12. Quellenverzeichnis

Quellen
Titel und Erscheinungsjahr (bei Büchern Verfasser), alphabetisch geordnet.

Filme und Serien

28 Days Later (2002)
Braindead (1992)
Dawn of the Dead (1978)
Dawn of the Dead (2004)
Day of the Dead (1985)
Dead Snow (2009)
Der Gefangene von Dahomey (1918)
Fido (2006)
I Walked with a Zombie (1943)
iZombie (seit 2015)
King of the Zombies (1941)
Land of the Dead (2005)
Last of the Living (2008)
Les Revenants (2004, Film)
Les Revenants (2012, Serie)
Mondo Caine (1962)
Muertos sin ojos-Reihe (ab 1971)
Night of the Living Dead (1968)
Outbreak (1995)
Pirates of the Caribbean (2003)
Rec (2007)
ReGenesis (2004–2008)
Resident Evil-Reihe (2002–2016)
Return of the Living Dead (1985)
Revenge of the Zombies (1943)
Revolt of the Zombies (1936)
Shaun of the Dead (2004)
The Incredibly Strange Creature Who stopped Living and Became-Mixed Up Zombies (1964)
The Plague of the Zombies (1965)

The Rezort (2015)
The Walking Dead (seit 2010)
Warm Bodies (2013)
White Zombie (1932)
World War Z (2013)
Zombi 2 (1979)
Zombi Holocaust (1980)
Zombieland (2009)

Bücher

Max Brooks: *The Zombie Survival Guide* (2003)
Max Brooks: *World War Z: An Oral History of the Zombie War* (2006)
Charlotte Brontës: *Jane Eyre* (1847)
Brian Keene: *The Rising* (2003)
Stephen King: *Cells* (2006)
John Polidori: *The Vampyre* (1816)
William Seabrook: *The Magic Island* (1929)
Bram Stoker: *Dracula* (1897)

Spiele (analog und digital)

All flesh must be eaten (1999/2003)
Dead Island (2011)
Dying Light (2015)
Left 4 Dead (2008)
Left 4 Dead 2 (2009)
Pandemic (2008)
Resident Evil (1996)
Zombies!!! (2001)
Zombies Ate My Neighbors (1993)
Zombie Zombie (1984)
Zombicide (2012)

Literatur

Ackermann, Hans-W., Gauthier, Jeanine: The Ways and Nature of the Zombie. In: Journal of American Folklore 414 (1991). S. 466–494.

Bhabha, Homi K.: The Location of Culture. London 2004.

Bode, Nikolai; Codling, Edward: Human Exit Route Choice in Virtual Crowd Evacuations. In: Animal Behaviour 86 (2013). S. 347–358.

Brittnacher, Hans Richard: Ästhetik des Horrors. Gespenster, Vampire, Monster, Teufel und künstliche Menschen in der phantastischen Literatur. Frankfurt a. M. 1994.

Cohen, Jeffrey Jerome: Monster Culture (Seven Theses). In: ders. (Hrsg.): Monster Theory. Reading Culture. Minneapolis 1996. S. 3–25.

Cederström, Carl; Fleming, Peter: Dead Man Working. Die schöne neue Welt der toten Arbeit. Berlin 2013.

Christie, Deborah; Lauro, Sarah Juliet: Better off Dead. The Evolution of the Zombie as Post-Human. New York 2011.

Davis, Wade: Passages of Darkness. The Ethnobiology of the Haitian Zombie. Chapel Hill 1988.

Drogla, Paul: Des Krieges neue Kinder: Überlegungen zur Ikonografie des Zombiearchetyps im Kontext des Vietnamkriegs. In: Zeitschrift für Fantastikforschung 10 (2015). S. 23–49.

Ehrmann, Jeanette: Working Dead. Walking Debt. Der Zombie als Metapher der Kapitalismuskritik. In: Zeitschrift für Kulturwissenschaft 15 (2014). S. 21–34.

Foucault, Michel: Die Anormalen. Frankfurt a. M. 2007.

Fuhrmann, Wolfang: Der Gefangene von Dahomey. Ein kolonialer Zombie. In: Michael Fürst, Florian Krautkrämer, Serjoscha Wiemer (Hrsg.): Untot. Zombie – Film – Theorie. München 2011. S. 37–43.

Greene, Richard: Warum es schlecht ist, untot zu sein. In: ders., K. Silem Mohammad (Hrsg.): Die Untoten und die Philosophie. Schlauer werden mit Zombies, Werwölfen und Vampiren. Stuttgart 2010. S. 19–36.

Hercenberger, Daniel: Theologische Reflexion serieller Allegorien postmortaler Existenzen anhand des The Walking Dead-Universums. (= M.A.-Thesis 2017, Leibniz Universität Hannover, Fakultät für Theologie und Religionswissenschaft, Abt. kath. Theologie).

Hercenberger, Daniel: Vermaledeite Inkarnationen. Der Topos Zombie von der karibischen Unikalität im prä-kinematischen Zeitalter bis zum medialen Phänomen der globalen Popkultur. In: Philipp Bode (Hrsg.): Kreaturen der Phantastik. Entwicklungslinien figuraler Motive vom Werwolf bis zum Zombie. Hannover 2016. S. 214–258.

Hurbon, Laënnec: La conjunction des imaginaires européen et africain autour du vodou. In: Jacques Hainard, Philippe Mathez, Olivier Schinz (Hrsg.): Vodou. Genf 2008. S. 105–112.

Hurbon, Laënnec: Le Barbare imaginaire. Sorciers, zombis et cannibales en Haïti. Paris 1988.

Klaue, Magnus: Dawn of the Dead. In: Jungle World vom 12.04.2012. Online-Ausgabe. (Letzter Zugriff: 23.04.2017).

Krautkrämer, Florian: »A Matter of Live and Death«. Leben und Tod im Zombiefilm. In: ders., Michael Fürst, Serjoscha Wiemer (Hrsg.): Untot. Zombie – Film – Theorie. München 2011. S. 19–36.

Kristeva, Julia: Powers of Horror. An Essay on Abjection. New York 1982.

Larkin, William S.: »Res Corporealis«. Körper, Zombies und Personen. In: In: Richard Greene, K. Silem Mohammad (Hrsg.):

Die Untoten und die Philosophie. Schlauer werden mit Zombies, Werwölfen und Vampiren. Stuttgart 2010. S. 36–53.

LAURO, Sarah Juliet: Playing Dead. Zombies Invade Performance Art … And Your Neighborhood. In: dies., Deborah Christie (Hrsg): Better Off Dead. The Evolution of the Zombie as Post-Human. New York 2011. S. 205–230.

LAURO, Sarah Juliet: The transatlantic Zombie. Slavery, Rebellion, and Living Death. New Jersey (u.a.) 2015.

LÉVI-STRAUSS, Claude: Das wilde Denken. Frankfurt a. M. 1968.

LITTLEWOOD, Roland; DOUYON, Chavannes: Clinical findings in three cases of zombification. In: The Lancet 350 (1997). S. 1094–1096.

MACHO, Thomas: Ursprünge des Monströsen. Zur Wahrnehmung verunstalteter Menschen. In: Kirstin Breitenfellner, Charlotte Kohn-Ley (Hrsg.): Wie ein Monster entsteht. Zur Konstruktion des anderen in Rassismus und Antisemitismus. Bodenheim 1998. S. 11–42.

MAIER, Christian: Festschmaus für Fans. Der italienische Zombiefilm. In: Michael Fürst, Florian Krautkrämer, Serjoscha Wiemer (Hrsg.): Untot. Zombie – Film – Theorie. München 2011. S. 85–96.

MCALISTER, Elizabeth: Slaves, Cannibals, and Infected Hyper-Whites. The Race and Religion of Zombies. Wesleyan University. Division II Faculty Publications 2012.

NIEHAUS, Michael: Das verantwortliche Monster. In: Achim Geisenhanslüke, Georg Mein (Hrsg.): Monströse Ordnungen. Zur Typologie und Ästhetik des Anormalen. Bielefeld 2009. (= Literalität und und Liminalität 12). S. 81–101.

NOHR, Rolf F.: Virale Zombifizierung. »Who's to say we're not all zombies?«. In: Michael Fürst, Florian Krautkrämer, Serjoscha Wiemer (Hrsg.): Untot. Zombie – Film – Theorie. München 2011. S. 259–273.

RHODES, Gary: White Zombie. Anatomy of a Horror Film. Jefferson 2001.

RUTHNER, Clemens: Vampir. In: Hans Richard Brittnacher, Markus May (Hrsg.): Phantastik. Ein interdisziplinäres Handbuch. Stuttgart 2013. S. 493–500.

SARTRE, Jean-Paul: Vorwort. In: Frantz Fanon: Die Verdammten dieser Erde. Hamburg 1969. S. 7–25.

SCHMEINK, Lars: Dying Light (2015). In: SFRA Review 313 (2015). S. 62–64.

SCHRÖTER, Susanne: Hexen, Krieger, Kannibalinnen. Phantasie, Herrschaft und Geschlecht in Neuguinea. Münster 1994. (= Frauenkulturen – Männerkulturen 3).

SCHUCK, Peter: Re-Editing Zombies. George R. Romeros »Diary of the Dead«. In: Zeitschrift für Kulturwissenschaft 15 (2014). S. 73–84.

SEESSLEN, Georg: Die etwas andere Auferstehung. In: neues deutschland. Sozialistische Tageszeitung vom 30.03.2013. Online-Ausgabe. (Letzter Zugriff: 19.04.2017).

SEESSLEN, Georg: Zombokinematografia. In: Die Untoten. Life Sciences und Pulp Ficiton. Online-Textarchiv zur Tagung vom Mai 2011. (Letzter Zugriff: 23.04.2017).

SIMEK, Rudolf: Monster im Mittelalter. Die phantastische Welt der Wundervölker und Fabelwesen. Köln (u.a.) 2015.

STIGLEGGER, Marcus: »Wenn in der Hölle kein Platz mehr ist …« Die ewige Wiederkehr der Untoten als politische Metapher. In: Das Magazin 16 (2010). Online-Ausgabe. (Letzter Zugriff: 26.04.2017).

STIGLEGGER, Marcus: Zombie. In: Hans Richard Brittnacher, Markus May (Hrsg.): Phantastik. Ein interdisziplinäres Handbuch. Stuttgart 2013. S. 510–513.

VUCKOVIC, Jovanka: Zombies. Die illustrierte Geschichte der Untoten. München 2012.

VOGEL, Joseph: Das Gespenst des Kapitals. Zürich 2010.

WEISE, Matthew: How the Zombie Changed Videogames. In: Christopher M. Moreman, Corey James Rushton (Hrsg.): Zombies Are Us. Essays on the Humanity of the Walking Dead. Jefferson 2011. S. 151–168.

ZECHNER, Anke: Willenloses ewiges Leben. Der Zombie als Figur des Exzesses und der Ausgrenzung. In: Michael Fürst, Florian Krautkrämer, Serjoscha Wiemer (Hrsg.): Untot. Zombie – Film – Theorie. München 2011. S. 195–210.

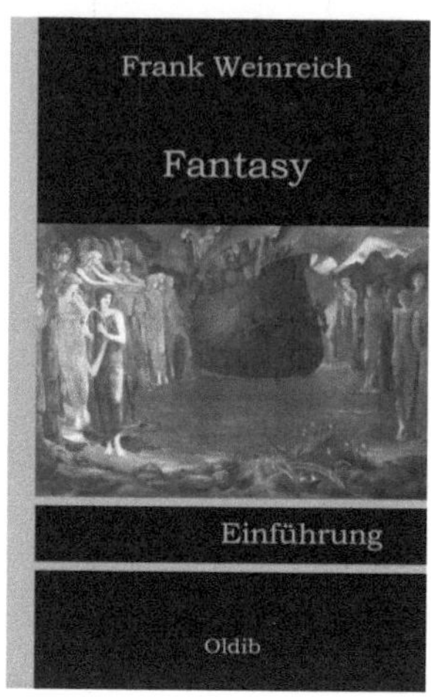

Frank Weinreich
Fantasy. Einführung.

164 Seiten, 12,99 Euro,
ISBN 978-3-939556-03-9,
versandkostenfrei bestellbar unter
www.oldib-verlag.de
oder im Buchhandel.

Der Erfolg von Büchern und Verfilmungen wie *Der Herr der Ringe* und *Harry Potter* oder der eines phantastischen Piratenepos wie *Fluch der Karibik* und einer Computerspielwelt wie World of Warcraft zeigt: das Genre Fantasy erfreut sich quer durch die Bevölkerung allergrößter Beliebtheit. Doch was ist Fantasy überhaupt? Wichtiger noch, was macht die Attraktivität von Fantasy aus? Und was hat man davon, wenn man sich den oft mehrere tausend Seiten umfassenden Werken des Genres widmet?

Diesen Fragen geht *Fantasy. Einführung* erstmals aus der Sicht von Literatur-, Kommunikationstheorie, Psychologie und Philosophie nach. Es zeigt Geschichte, Struktur, Wesen und die Mannigfaltigkeit der Motive und Einsichten der Werke auf, die ihr Publikum in die imaginären Welten von Abenteuer und Magie entführen und weist dabei nach, dass Fantasy sehr viel mehr als 'nur' gute Unterhaltung darstellt.

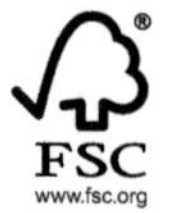

MIX
Papier aus verantwortungsvollen Quellen
Paper from responsible sources
FSC® C105338